田正平 著

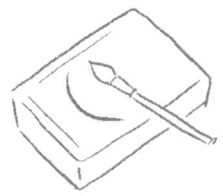

世态与心态
—— 晚清、民国士人日记阅读札记

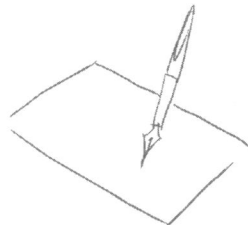

上海教育出版社

目 录

1/ 前 言

1/ 读书·修身·治家
　　——《曾国藩日记》阅读札记

51/ 侍讲学士的困境与出路
　　——《恽毓鼎澄斋日记》阅读札记

87/ 清末"废科举,兴学堂"的另一类解读
　　——《朱峙三日记(1893—1919)》阅读
　　札记

125/ 横看成岭侧成峰：乡村士子心中的清末教育变革图景
——以《退想斋日记》和《朱峙三日记》为中心的考察

159/ 寻病源与读方书
——《黄炎培考察教育日记》阅读札记

191/ 救国千万事，造人为最要
——《胡适日记全编·留学日记》阅读札记

237/ 理念·境界·情操
——《竺可桢日记(1936—1946)》阅读札记

前言

1926年6月,鲁迅在《马上日记·豫序》一文中写道:

我本来每天写日记,是写给自己看的;大约天地间写着这样日记的人们很不少。假使写的人成了名人,死了之后便也会印出来;看的人格外有趣味,因为他写的时候不像做《内感篇》外冒篇似的须摆空架子。我想,这是日记的正宗嫡派。[1]

在鲁迅看来,日记应该是写给自己看的,不须摆"空架子",并肯定此类日记"是日记的正宗嫡派"。

---

[1] 鲁迅.鲁迅全集(3)[M].北京:人民文学出版社,1991:308.

1936年7月,胡适在为商务印书馆出版的《胡适留学日记》撰写的"自序"中写道:

> 这十七卷札记是我在美国留学时期(1910—1917)的日记和杂记。……这十七卷写的是一个中国青年学生五七年的私人生活,内心生活,思想演变的赤裸裸的历史。他自己记他打牌,记他吸纸烟,记他时时痛责自己吸纸烟,时时戒烟而终不能戒;记他有一次忽然感情受冲动,几乎变成了一个基督教信徒;记他在一个时期里常常发愤要替中国的家庭社会制度作有力的辩护;记他在一个男女同学的大学住了四年而不曾去女生宿舍访过女友;记他爱管闲事爱参加课外活动,爱观察美国的社会政治制度,到处演说,到处同人辩论;记他的友朋之乐,记他主张文学革命的详细经过,记他的信仰思想的途径和演变的痕迹。……这里面有许多少年人的自喜,夸大,野心,梦想,我也完全不曾删去。这样赤裸裸的记载,至少可以写出一个不受成见拘缚而肯随时长进的青年人的内心生活的历史。

胡适一再强调自己这部日记的真实性：

这十七卷的材料,除了极少数(约有十条)的删削之外,完全保存了原来的真面目。[1]

其实,日记作为一种应用文体裁,从最初产生时起,就是一种自我交流的形式,其主要功能即是用于记录个人的所闻、所见、所思。据我国著名日记研究专家陈左高教授考证：

二十多年前,江苏扬州掘到一座西汉宣帝时平民王世奉墓葬,棺内保存了十余件木牍,系具有年月日之简单日记。作者因"有狱事",在狱中随手记下亲友来探监之经过。这一王世奉《狱中日记》木牍出现,给我们提供了最早一位有具体姓名的日记作者,有年月日的日记作品,足以印证日记溯源,推

---

[1] 胡适.胡适日记全编(1)[M].曹伯言,编.合肥：安徽教育出版社,2001：57—59.

前至二千年前的西汉,即公元前,允无疑义。[1]

这件被认为是最早的日记作品,其内容即是记录日记主人的狱中生活。当然,这是就日记这种体裁的"正宗嫡派"而言。然而,在长期的历史发展进程中,日记文献整体的情况还是比较复杂的,有些日记是记主在写作时就准备日后公开出版的,出于各种考虑,记载中难免有矫饰和虚假的因素;有的则是在日记准备公开付梓时,世易时移,客观形势发生了变化,早已不是记主当年写日记时的情境,本人或后人出于现实的顾忌,在公开付梓前对原作进行了有意的删改。上述两种情况在历朝历代的日记文献中所在多有,但是,作为日记文献的"正宗嫡派"而言,确实如学者们早已指出的:"历代日记作者是写给自己看的,可以直抒胸臆,畅言无忌,臧否得失,毫不掩饰。"相对于其他文献,它的优势"一是真实。……二是具体。……三是坦率。"[2]正因

---

[1][2] 陈左高.历代日记丛谈[M].上海:上海画报出版社,2005:1.

为如此,日记文献历来为学者所关注,特别是对于人物研究而言,"日记除了记录历史人物的活动外,还常常记录了个人生活中的一些最秘密、最深沉、最亲切的感情,可以说就是自己写给自己看的书札。作为最纯粹的私人写作,日记反映了个人精神生活的隐秘领域,而这些恰恰是正式的官方文书中所缺乏的内容。……因此,从某种意义上说,日记也是思想史和心态史研究最好的第一手资料"。[1]

进入21世纪以来,由于国家清史编纂工程的启动和中华民国史研究的倍受关注,大量收藏于个人或图书档案管理部门的晚清和民国时期人士撰写的日记得以面世出版,为人文社会科学的研究提供了宝贵的第一手资料。这些陆续出版的日记,记主们的社会地位不同,层次悬殊,视野各异,经历亦大相径庭;即使是共处于大致相同的环境之下,日记中留下的个人感受也可能完全不同。比如说,《恽毓鼎澄斋日记》的记主恽毓鼎,任晚清史官19

---

[1] 邹振环.日记文献的分类与史料价值[M]//复旦史学集刊(第一辑).上海:复旦大学出版社,2005:326.

年,担任过日讲起居注官、翰林院侍讲、起居注总办、讲习馆总办等多种职务,虽然一直从事文字工作,远非封疆大吏那般有权有势,却是晚清为数不多的皇帝近臣之一,曾随侍光绪皇帝近十年,而这十年正是19世纪末20世纪初社会大变动时期。对于发生在这一时期的诸如科举取士制度的停废、学堂章程的颁布、新式学堂的创办这样一些牵动数百万读书人神经的大事,《恽毓鼎澄斋日记》中流露出来的感受和认知,与山西举人刘大鹏在《退想斋日记》和湖北秀才朱峙三在《朱峙三日记》中的感受和认知就大不一样。即使是同处于内陆地区的士人刘大鹏和朱峙三,对于科举取士制度停废的看法也表现出极大的差异。刘大鹏在日记中记载,当他得知清廷下诏停止科考的信息后,"甫晓起来心若死灰,看得眼前一切,均属空虚"。"昨日在县,同人皆言科考一废,吾辈生路已绝,欲图他业以谋生,则又无业可托,将如之何?"[1]而朱峙三在得知同样

---

[1] 刘大鹏.退想斋日记[M].乔志强,标注.太原:山西人民出版社,1990:146,147.

的消息后则无动于衷,在日记中写道:

> 前日报载有上谕,立即停止科举,各省学政改为专考察学堂事宜,今日科举已成历史上陈迹矣。许多醉心科举之人,有痛哭者矣。[1]

完全是一副事不关己的样子。人们所熟知的胡适和吴宓都是20世纪第二个十年庚款赴美的留学生,出国前都对中国传统文化有较广泛的涉猎、较深厚的积累和强烈而浓厚的兴趣,回国后却阵线分明,前者参与《新青年》刊物的编辑,成为新文化运动的主将;后者集结同志,创办《学衡》杂志,誓与新文化运动抗衡。这样的例子实在是很多的。

细读这些日记,我们还可以发现,同样一位作者,其内心世界和外在行动会明显"错位",公开言论和私下想法会两相背离。前面提及的光绪近臣恽毓鼎,出身科举世家,从祖父到他本人,都是科

---

[1] 朱峙三.朱峙三日记(1893—1919)[M].胡香生,辑录,严昌洪,编.武汉:华中师范大学出版社,2011:169.

举取士制度的受惠者。1905年清廷宣布停废科举取士之后,恽在日记中虽不敢对皇帝流露出不满情绪,却对力主此举的张之洞、张百熙等人大加挞伐:

> 悲哉,悲哉!废科举,立学堂,不能不叹息痛恨于南皮、长沙二张矣。[1]
>
> 今日大局之坏,根于人心,而人心之坏,根于学术。若夫学术之坏,则张之洞、张百熙其罪魁也。二张之昧良心,何尝醉心新政,直热中耳。因热中而甘心得罪圣贤,得罪宗社,他日公道犹存,非追削官谥不可。[2]

但是,他真的愿意把自己的命运与即将倾覆的封建王朝大厦死死地捆绑在一起吗?其实未必。就在清廷宣布立停科举的第二天,1905年9月3

---

[1] 恽毓鼎.恽毓鼎澄斋日记(2)[M].史晓风,整理.杭州:浙江古籍出版社,2004:507.
[2] 同上:562.

日,恽在日记里写下如下一段话:

> 科举虽罢,子弟不能不读书。命宝惠(恽之长子——引者)专一研究政法学,为他日致用之道。……一切琐琐异同可置之。[1]

恽的反应是如此迅速,停废科举的谕旨才颁布了一天,他就果断地决定,让长子改弦更张,"一切琐琐异同可置之",研习政法学,以"为他日致用之道"。众所周知,20世纪初,停废科举之后,法政类学堂是最受时人追捧的新式学堂,因为在清末立宪的大背景下,获得此类学堂的"文凭"是入仕做官的最佳"捷径"。恽不仅命长子进入法政学堂读书,而且以后又命多位子侄入该类学堂上学。言行是如此之不一,前后判若两人,这种情况只有通过对其日记的研读,才能明了其内心的真实活动,解释其言行"错位"的深层次原因。

---

[1] 恽毓鼎.恽毓鼎澄斋日记(1)[M].史晓风,整理.杭州:浙江古籍出版社,2004:276—277.

当然,上面所举的例子只是围绕人物研究而言。事实上,日记涵盖面极广,或铺陈重大历史事件,或展示宏伟时代风云,或书写读书心得,或阐发个人胸臆,或缕述起居琐事,或披露参政内幕,或记载个人交往,或留下友朋踪迹。这些文字是十分珍贵的历史资料,常常能丰富历史的细节,透露其他文献资料中见不到的历史真相,从而让读者感受到历史更为广阔、更为复杂的层面。

晚清和民国时期是中国社会发生重大转折的时期,亦是传统教育向现代教育转型的重要时期。有日记存世者,大多是时代舞台上的要角,或者是现实生活中的强者,最不济者亦需识文断句,上过几天学堂或私塾,能提笔记下自己的所见所想,否则,何来日记传世?换句话说,这些人都受过不同程度的教育,无论是私塾教育还是高等教育,无论是在国内的学堂读书,还是到国外的名校留学,因此,在日记中大多会留下自己对彼时彼地教育变革的记载,抒发他们由这种变革而引发的感慨。古人讲"知人论世",即是说明理解个人和认识时代的辩证关系。晚清民国时期在中国发生的多次教育上的重大变革,深深地牵动着每个读书人的切身利益,对绝大多数普通读书人而言,对待这些变革的态度归根到底是受个人的利害得失制约的。这段历史留给后人回味的,既有先知先觉者的呐喊和壮烈行动,也有政体、国体转变前后当政者的种种举措,更有千百万读书人的心态变化和社会风尚的转移变迁。对于后者,一部部时人留下的各种题材的日记,给我们提供了探寻历史细节的无数门径。

收入本书的文章均是作者最近几年来研读晚清和民国部分士人日记的札记。大部分曾在《教育研究》《教育学报》《高等教育研究》上发表过。说实话,阅读的过程对我而言是与日记主人一起重新穿越历史的过程,常常沉浸其中不能自已;有时甚至有一种受到强烈震撼并提升境界、净化灵魂的感受。上海教育出版社的同志建议我把这些文章结集出版,在感谢他们的好意之余,觉得篇幅少了点。我本来的设想是每年读一到两部日记,期之以十年,再考虑出版的事。可是从 2008 年开始,到目前仅读了十几种，有些日记篇幅很大，像《竺可桢日记》有1 300多万字，一年时间根本无法读完，我只好先阅读他主持浙江大学校政期间13年的部分；有些日记则是读了几遍后仍觉得抓不住要领，难以下笔，或者是写出来之后，自己仍觉得意犹未尽。编辑同志来信说篇幅太大反而可能给读者带来阅读压力，建议不妨先把现有的这十几万字出了，以后陆续写成的，可以作为续集。我想这也是个不错的主意，便听从了出版社的建议，不揣浅陋把这本小册子奉献给读者，请读者诸君批评指正。

田正平
2016 年 12 月 31 日
浙江大学西溪校区

读书·修身·治家
——《曾国藩日记》阅读札记

曾国藩是晚清"中兴名臣",是中国传统文化的忠实继承者和践行者。在长期的仕宦生涯中,他有关读书、修身、治家的言论和实践不仅在当时,而且对后世产生了深远的影响。曾国藩认为,读书贵在立志,重在"深造自得",前者强调读书要胸怀远大抱负,不为一己私欲;后者突出读书要修身务本,"学以为己",注重道德实践和精神修炼。慎独、主敬、求仁、习劳是曾国藩一生用以儆惕的修己之道,更是他一生学问、事业成功的基础。曾国藩的治家理念是:愿家族世代为耕读孝友之家,不愿为仕宦暴发之家;愿子孙个个为读书明理之君子、礼义之旗帜,不愿他们做大官、发大财;家勤则兴,人勤则健,能勤能俭,永不贫贱;世家子弟,门第过盛,万目所瞩,骄怠者败。

曾国藩(1811—1872)，字伯涵，号涤生，湖南省湘乡市荷塘(今属双峰县)人。道光十八年(1838年)进士，改翰林院庶吉士，散馆授检讨。经翰林院侍讲、侍读，迁内阁学士、礼部侍郎。咸丰二年(1852年)，丁母忧回籍，奉旨帮办本省团练，招募湘勇，与太平军角逐于湖北、江西、安徽等省。咸丰十年(1860年)升任两江总督。同治三年(1864年)攻克太平天国首都天京(今南京)，受封一等侯爵。同治七年(1866年)，授武英殿大学士，调任直隶总督。同治九年(1870年)回任两江，两年后去世。曾国藩是中国近代史上一位重要人物，他在世时即被称为"中兴名臣""千古完人"，有"道德文章冠冕一代"的美誉。后世对他的评价可以说褒贬不一，青年毛泽东曾在一封致友人的信中坦陈：

愚于近人，独服曾文正，观其收拾洪杨一役，完满无缺。使以今人易其位，其能如彼之完满乎？[1]

---

[1] 中共中央文献研究室，中共湖南省委《毛泽东早期文稿》编辑组.毛泽东早期文稿[M].长沙：湖南出版社，1995：85.

梁启超对曾更是推崇备至,他在《曾文正公嘉言钞序》中写道:

> 曾文正者,岂唯近代,盖有史以来不一二觏之大人也已;岂唯我国,抑全世界不一二睹之大人也已。[1]

另一种声音则把曾国藩说成是"汉奸刽子手",说他是"近百年来反动派的开山祖师"。[2]需要说明的是,后一种声音在20世纪80年代后渐行渐远,随着改革开放的深入,"曾国藩"三字再次进入人们的视野,引起国人广泛的兴趣。从官场到士林,从商界到军营,从学校到家庭,不同年龄、不同职业、不同层次的人们,都似乎想从曾国藩的身上汲取点什么。波澜壮阔的中国近代史上产生过无数重要人物,为什么唯独曾国藩会产生如此深远而巨大的影响?梁启超的分析很有道理:

---

[1] 梁启超.饮冰室合集·文集之三十四[M].北京:中华书局,1989:1.
[2] 范文澜.中国近代史(上册)[M].北京:人民出版社,1962:2.

文正固非有超群绝伦之天才,在并时诸贤杰中称最钝拙。其所遭值事会,亦终身在拂逆之中。然乃立德立功立言,三并不朽,所成就震古铄今,而莫与京者,其一生得力在立志。自拔于流俗,而困而知,而勉而行,历百千艰阻而不挫屈。不求近效,铢积寸累,受之以虚,将之以勤,植之以刚,贞之以恒,帅之以诚,勇猛精进,艰苦卓绝,如斯而已。孟子曰,人皆可以为尧舜,尧舜信否尽人皆可学焉而至,吾不敢言;若曾文正之尽人皆可学焉而至,吾所敢言也。[1]

梁的分析告诉我们,曾国藩之所以能在历史上立德、立功、立言,成就一番震古铄今的事业,不是因为他个人天分高,不是由于他所处环境顺或者有什么大的背景,而是得力于"立志"二字,自拔流俗,困而知,勉而行,历百千艰阻而不挫屈。曾国藩的影响之所以历久不衰,是因为他的立身行事"尽人

---

[1] 梁启超.饮冰室合集·文集之三十四[M].北京:中华书局,1989:1.

皆可学焉而至"。一部一百五十万言的《曾国藩日记》,详尽记录了这位从农家走出的大人物每日的工作、学习和生活;生动地展示了记主从青壮年到老年的成长轨迹和心路历程。翻检日记,满目都是关于读书、治学、修身、养性、教子、治家、为官之道、处事之方的思考、践行和体会,很难想象,这是一位指挥千军万马与敌人做殊死搏斗的前线统帅的日记,更难想象,这是一位位高权重、日理万机的总督、大学士的日记。在看似琐碎的日常生活记载的字里行间,流淌着传统文化的血脉和精气,正是这些哺育和成就了曾国藩;同样,后人研读《曾国藩日记》,试图从记主的成长轨迹中寻求其成功的秘密,收获的亦多是民族文化的滋润和启迪。

一、读书:贵在立志,重在"深造自得"

明清时代的读书人,在获得功名之前,读的几乎都是八股试帖等闱墨文字,与真正的学问并无多大关系。曾国藩在道光十八年(1838年)考取进士之前,读书生活也大抵如此。在道光二十三年(1843年)正月十七日的一封《致诸弟》信中,他谈到自己读书求学生涯中的重大转折:

兄少时天分不甚低,厥后日与庸鄙者处,全无所闻,窍被茅塞久矣。及乙未到京后,始有志学诗古文,并作字之法,亦苦无良友。近年得一二良友,知有所谓经学者、经济者,有所谓躬行实践者。……慨然思尽涤前日之污,以为更生之人。[1]

信中提到的"乙未"年是道光十五年(1835年),其时曾国藩25岁。这一年曾国藩赴京第二次参加会试不售,"留京师读书,研究经史尤好昌黎、韩氏之文,慨然思蹑而从之"。[2] 但是,此时的曾国藩虽然知道在时文帖括之外别有广阔的学术天地,仍苦于没有良师益友,进步不大。直到翰林院散馆,

---

[1] 曾国藩.曾国藩家书[M].北京:线装书局,2008:166.
[2] 曾国藩.足本曾文正公全集(第一部)[M].李翰章,编纂.李鸿章,校勘.宁波,等,校注.长春:吉林人民出版社,2006:59.

他授职检讨兼任国史馆协修,读书生涯才发生根本性变化,这时他已整整30岁。在朋友的引见下,在京城他拜见的第一位老师是著名理学大师唐鉴(字镜海)。《曾国藩日记》中对此有详细记载:

又至唐镜海先生处,问检身之要、读书之法。先生言当以《朱子全书》为宗。时余新买此书,问及,因道此书最宜熟读,即以为课程,身体力行,不宜视为浏览之书。又言治经宜专一经,一经果能通,则诸经可旁及。若遽求兼精,则万不能通一经。……又言为学只有三门:曰义理,曰考核,曰文章。考核之学,多求粗而遗精,管窥而蠡测。文章之学,非精于义理者不能至。经济之学,即在义理。又问:经济宜何如审端致力?答曰:经济不外看史,古人已然之迹,法戒昭然;历代典章,不外乎此。……又言检摄于外,只有"整齐严肃"四字,持守于内,只有"主一无适"四字。又言诗、文、词、曲,皆可不必用功,诚能用力于义理之学,彼小技亦非所难。又言第一要戒欺,万不可掩著云云。听之,昭然若发蒙也。[1]

我们在这里不厌其详地把这段日记摘录出来,是因为这次拜访对曾国藩一生的影响实在太大,不仅是对其读书生活,而且影响到其一生的行事做人。唐鉴的谈话内容概括起来主要有如下几点。一是如何读书,要专精一经,一经通则诸经通。要熟读《朱子大全》,对其内容不能仅仅浏览,而是要"身体力行"。二是天下学问俱包括在文章、义理、考据三门之中,义理为首,义理精则文章精,经济之学亦在义理之中。三是告诉他做人要检摄于外,持守于内,最重要的是要"戒欺",不掩饰、不自欺欺人。同时,唐鉴还向曾介绍了另一位著名的理学大师倭艮峰(仁),盛赞倭"用功最笃实,每日自朝至寝,一言一动,坐作饮食,皆有札记。或心有私欲不克,外有不及检者皆记出"。[2] 年届三十、已经是

---
[1] 曾国藩.曾国藩日记[M].贾泓杰,王诚伟,整理.北京:九州出版社,2014:30—31.
[2] 同上:31.

翰林院检讨的曾国藩听了唐的一番议论之后,在日记中记下了当时的感受:"昭然若发蒙也。""若发蒙也"四字道出了他的震撼、醒悟与决心。翻检这一时期曾国藩的日记,多处留下了他拜访唐鉴、倭仁的记载:

> 又至镜海丈处久谈,哺时始归。[1]
>
> 旋走杨朴安、穆中堂、唐镜翁处,申正归。[2]
>
> 拜倭艮峰前辈,先生言"研几"工夫最要紧,……失此不察,则心放难收矣。又云:人心善恶之几,与国家治乱之几相通。又教余写日课,当即写,不宜再因循。[3]

倭仁告诉曾国藩的所谓"研几"工夫,即是理学家所强调的"内省"工夫,读书人要时刻对照书中所讲的义理,检查和衡量自己瞬间产生的念头、日常

---

[1] 曾国藩.曾国藩日记[M].贾泓杰,王诚伟,整理.北京:九州出版社,2014:34—35.
[2] 同上:44.
[3] 同上:48.

生活中发生的细微小事,将它们与修齐治平的大事联系起来,并通过写日记的形式时时解剖自己、批判自己。正如前面唐鉴向曾国藩介绍时所讲的那样,这位先生就是这样做的,他"用功最笃实,每日自朝至寝,一言一动,坐作饮食,皆有札记。或心有私欲不克,外有不及检者皆记出"。唐鉴(1778—1861),湖南善化人,嘉庆进士,1818年授浙江道监察御史,累迁至太常寺卿,晚年主讲金陵书院。倭仁(1804—1871),清蒙古正红旗人,1844年任大理寺卿,1862年升任工部尚书,旋充帝傅,授文渊阁大学士,后管理国子监。唐、倭二人均是清代著名理学大师,倭仁更以反对京师同文馆增设天文算学馆的保守派代表而著称。平心而论,理学在19世纪中期以后的中国,随着西方文化的侵蚀浸润已逐渐失去思想界的主宰地位。但是,它在长期发展过程中形成的在培育人的心志、道德、情操等方面的一整套理论和实践仍然有着难以否定的作用。就读书、求学而言,这些影响体现在曾国藩身上主要表现为以下两个方面。

（一）读书贵在立志

翻阅《曾国藩日记》（以下简称《日记》），随处可见"读书立志，须以困勉立功，志大人之学"[1]的字样，这既是他用以自勉，时时提醒自己的话，也是他在教育子弟、勉励友朋的书信中经常用的一句话。读书立志，就是不把读书求学仅仅看作是个人荣辱得失的事情，而是要志存高远，有内圣外王的抱负。道光二十二年（1842年）十月二十六日，身在北京翰林院的曾国藩给远在家乡的四位弟弟写了一封3 000多字的长信，主要是谈读书为学之道。信中针对其六弟国华参加县试失利而牢骚满腹的情绪，他写道：

> 屈于小试辄发牢骚，吾窃笑其志之小，而所忧之不大也。君子之立志也，有民胞吾与之量，有内圣外王之业，而后不忝于父母之生，不愧为天地之完人。故其为忧也，以不如舜不如周公为忧也，以

---

[1] 曾国藩.曾国藩日记[M].贾泓杰，王诚伟，整理.北京：九州出版社，2014：16.

德不修学不讲为忧也。……此君子之所忧也。若夫一身之屈伸,一家之饥饱,世俗之荣辱得失、贵贱毁誉,君子固不暇忧及此也。六弟屈于小试,自称数奇,余窃笑其所忧之不大也。[1]

曾国藩训诫六弟,小试不售便发牢骚,实为胸襟不宽、志量太小的缘故。读书人应该思考的,是自己哪些方面不如尧舜,不如周公,离天地完人的差距还有多少;应该忧虑的,是老百姓有没有教化过来,外族在欺侮我们,小人在位,贤者未能使用,匹夫匹妇没有受到自己的恩泽等。紧接着,曾国藩在信中对四位弟弟谈了自己对"读书人"三字的理解:

盖人不读书则已,亦即自名曰读书人,则必从事于《大学》。《大学》之纲领有三:明德、新民、止至善,皆我分内事也。若读书不能体贴到身上去,谓此三项与我身了不相涉,则读书何用?虽使能文

---

[1] 唐浩明.唐浩明评点曾国藩家书[M].北京:华夏出版社,2011:15.

能诗,博雅自诩,亦只算得识字之牧猪奴耳!岂得谓之明理有用之人也乎?[1]

在信中,曾国藩把那些读书只是为了吟诗作文,以博雅自诩而与国家兴衰、百姓疾苦和个人修养无涉的人,斥之为只是识得几个字的"猪倌",表示了他对这种人的极大愤慨。

(二)读书重在"深造自得"

"深造自得"一语出自《孟子·离娄章句下》:

孟子曰:"君子深造之以道,欲其自得之也。自得之,则居之安;居之安,则资之深;资之深,则取之左右逢其原,故君子欲其自得之也。"[2]

意思是说,君子通过正确的方法来获得高深的

---

[1] 唐浩明.唐浩明评点曾国藩家书[M].北京:华夏出版社,2011:15.
[2] 杨伯峻.孟子译注(上册)[M].北京:中华书局,1960:189.

造诣,在这里强调的是自觉地获得即"自得"。自觉地有所得,就能牢固地掌握它而不动摇;牢固地掌握它而不动摇,就能积蓄很深;积蓄很深,便能取之不尽,左右逢源,所以君子要自觉地有所得。曾国藩终身服膺并努力践行孟子的"深造自得"四字。在他看来,读书求学既当志存高远,又应脚踏实地、修身务本,即用来指导言行、陶冶情操、提升境界,而不应掺杂"好名好胜之见"。《日记》中随处可见这样的内容:

> 早起,高诵养气章,似有所会,愿终身私淑孟子。虽造次颠沛,皆有孟夫子在前,须臾不离,或到死之日可以仰希万一。[1]
>
> 翻阅《四书》一遍。用白绫写《论语》《孟子》中最足警吾身者,约二十章。[2]
>
> 阅《白香山集》。因近日胸襟郁结不开,故思以陶、白、苏、陆之诗及张文端之言解之也。[3]

---

[1] 曾国藩.曾国藩日记[M].贾泓杰,王诚伟,整理.北京:九州出版社,2014:49.
[2] 同上:248.
[3] 同上:1206—1207.

因思古来圣哲,胸怀极广,而可达天德者约有数端,如笃恭修己而生睿智,程子之说也;至诚感神而致前知,子思之训也;安贫乐道而润身睟面,孔、颜、曾、孟之旨也;观物闲吟而意适神恬,陶、白、苏、陆之趣也。自恨少壮不知努力,老年常多悔惧,于古人心境不能领取一二、反复寻思,叹喟无已![1]

念余生平虽颇好看书,总不免好名好胜之见参预其间。是以无孟子"深造自得"一章之味,……故到老而无一书可恃,无一事有成。今虽暮齿衰迈,当从"敬静纯淡"四字上痛加功夫,纵不能如孟子元凯之所云,但养得胸中一种恬静书味,亦稍足自适矣。[2]

写下前引最后一则日记的曾国藩,已经是年近六旬的老人,且早已名满天下,身居一等侯爵、两江总督的高位了。

读书贵在立志,重在"深造自得",前者强调读

---

[1] 曾国藩.曾国藩日记[M].贾泓杰,王诚伟,整理.北京:九州出版社,2014:1359.
[2] 同上:1213—1214.

书要胸怀远大抱负,不为一己的私欲;后者突出读书要修身务本,"学以为己",注重道德实践和精神修炼,二者看似相悖却相辅相成。应该说,这两条读书原则都不是曾国藩提出来的,它们早已积淀于中国的优秀文化传统之中。曾国藩的可贵之处在于,在19世纪中国社会面临"三千年未有之变局"的大环境下,他能自觉地继承并将之奉行终身。无论是身为一介书生还是位极人臣,无论是处于逆境还是顺境,无论是在精力充沛的青壮年时代还是暮齿衰迈的晚年,即使在右眼完全失明,左眼视物昏花,而且医生警告左眼亦将失明的情况下,都读书不倦,思考、反省不懈。《日记》中留下的许多文字,今天读了仍让人动容:

念老年读书,如旱苗叶已枯槁而汲井以灌溉,虽勤无益,古人所以戒时过而后学也;然果能灌溉不休,则禾稼虽枯而菜蔬或不无小补耳。[1]

---

[1] 曾国藩.曾国藩日记[M].贾泓杰,王诚伟,整理.北京:九州出版社,2014:1220.

在轿中温《易》"乾""坤""屯""蒙""需"五卦。眼蒙日甚,轿中日光穿入,尤不相宜。[1]

在舟中温《左传》宣公、成公至襄公九年止,共百七十叶,涉猎一过,不能深求。屡次小睡,以息目力。[2]

年近六旬的老翁,在摇晃的行船上,在颠簸的轿子里看书本来就很吃力,更何况眼睛不好,只能选择一些早已读过的书,主要凭记忆重新温习。有时眼睛实在"昏蒙无法视物",则"静坐一时许,默诵论语二十篇一遍"。[3]直到逝世前一天,仍是"早起,……早饭后清理文件,阅《理学宗传》。……傍夕久睡。又有手颤心摇之象,起吃点心后,又在洋床久睡。阅《理学宗传》中张子一卷。二更四点睡。"[4]这是记于同治十一年(1872年)二月初三的

---

[1] 曾国藩.曾国藩日记[M].贾泓杰,王诚伟,整理.北京:九州出版社,2014:1322.
[2] 同上:1325.
[3] 同上:1273.
[4] 同上:1438.

最后一则日记,第二天,二月初四戌时,曾即辞世。可以说,读书、思考、精神修炼、道德实践,贯穿了曾国藩的一生。

二、修身:慎独、主敬、求仁、习劳

同治九年(1870年)九月二十二日晚,刚刚处理完棘手的"天津教案",第二天一早即将由儿子曾纪泽陪同进京陛见的曾国藩,在天津寓所写下如下一段日记:

> 是日细思古人工夫,其效之尤著者,约有四端:曰慎独则心泰,曰主敬则身强,曰求仁则人悦,曰思诚则神钦。……四者之功夫果至,则四者之效验自臻。余老矣,亦尚思少致吾功,以求万一之效耳。[1]

两个月后,他将这则日记的内容通过诠释文字

---

[1] 曾国藩.曾国藩日记[M].贾泓杰,王诚伟,整理.北京:九州出版社,2014:1314.

拓展为一封家信，寄给了两个儿子纪泽、纪鸿。此时的曾国藩已是百病缠身，自知将不久于人世。他将自己多年的人生思考和追求凝聚为四条、八个字，作为最后的家训传给二子，希望他们牢记于心，传之于后。信的结尾写道：

> 余衰年多病，目疾日深，万难挽回，汝及诸侄辈身体强壮者少，古之君子修己治家，必能心安身强而后有振兴之象，必使人悦神钦而后有骈集之祥。今书此四条，老年用自儆惕，以补昔岁之愆；并令二子各自勖勉，每夜以此四条相课，每月终以此四条相稽，仍寄诸侄共守，以期有成焉。[1]

与《日记》相比，信中四条的内容改动了三个字。一是第一条的"慎独则心泰"，将"泰"字换作"安"字，意思没有变。二是第四条"思诚则神钦"，"思诚"改为"习劳"，这两字改得贴切。其实，这四

---

[1] 唐浩明.唐浩明评点曾国藩家书[M].北京：华夏出版社，2011：763.

条八个字,既是曾国藩对子侄做人的要求,更是他在个人修养方面一生的追求。

"修身"是中国传统士人成长过程中贯穿其一生的重要环节。《大学》里甚至有这样的论述:

> 物格而后知至,知至而后意诚,意诚而后心正,心正而后身修,身修而后家齐,家齐而后国治,国治而后天下平。自天子以至于庶人,壹是皆以修身为本。其本乱而末治者否矣。[1]

在这里,把"修身"作为实现儒家"修齐治平"理想人格的基础,即一切事业的成功"皆以修身为本"。曾国藩提出的"慎独、主敬、求仁、习劳"四条修身要则,既有对前贤的继承和吸收,更有自己独到的体验和省悟。

"慎独",即一个人在独处的时候要能够严格要求自己,不妄取、不苟为、不放纵。在儒家学说中,

---

[1] 朱熹.四书章句集注[M].北京:中华书局,1983:4.

"慎独"乃是修身的最高境界。前面提到的倭仁告诫曾国藩"'研几'工夫最要紧",就是指的"慎独"功夫。宋明理学家最重视的也就是人独处时的态度。一部《日记》中随处可以看到曾国藩在不同时期、不同环境下,针对内心深处一闪而过的某种错误想法或某种不为人所觉察的不道德行为,对自己所进行的反省、自责、鞭笞,甚至辱骂:

> 母亲五十八寿辰。……是日不能预备寿面,意在省费也。而晡时内人言欲添衣,已心诺焉,何不知轻重耶?颠倒悖谬,谨记大过。[1]

这则日记需稍加说明。此时曾国藩在北京翰林院供职,妻子随他在京居住。而父母双亲则远在湖南乡下老家。这一天是道光二十二年(1842年)十一月初三日,恰逢曾氏母亲生日,因为母亲远在家乡,所以,尽管曾在这天日记里写的第一句话即

---

[1] 曾国藩.曾国藩日记[M].贾泓杰,王诚伟,整理.北京:九州出版社,2014:57.

是"母亲五十八寿辰",但并没有预备寿面,他考虑的是母亲不在身边,"意在省费也"。但是,下午妻子向他讲起,想添置一件衣服,曾虽然口头没有说什么,但心里已答应了。就这么一件他不在日记里写,谁也不知内情的事,让他自责不已,在日记里大骂自己把妻子看得比母亲重,真可谓不知轻重、颠倒悖谬,还给自己记了大过一次,以接受教训。

同年十月初十的一则日记更有意思:

> 昨夜,梦人得利,甚觉艳羡,醒后痛自惩责,谓好利之心至形诸梦寐,何以卑鄙若此![1]

梦中的事更是除他本人以外无人知晓,即便对于这种情况下流露出来的一丝贪欲,他也不放过,日记中责备自己:看看你已经卑鄙到什么程度,连做梦都羡慕别人发财!"慎独则心安",说的是一个人在独处时尚且能为善去恶,心中自然无一愧疚之

---

[1] 曾国藩.曾国藩日记[M].贾泓杰,王诚伟,整理.北京:九州出版社,2014:51.

事,"可以对天地质鬼神",就像俗话所讲的"为人不做亏心事,半夜敲门心不惊"是一样的道理,这样就能保持心情的愉悦。

养生首在养心,从这个意义上讲,"慎独"就是最好的养心,可以使人得到最大的快乐。

"主敬",亦是儒家修身的一项重要内容。曾国藩认为:

> 敬之一字,孔门持以教人,春秋士大夫亦常言之,至程朱则千言万语不离此旨。内而专静纯一,外而整齐严肃,敬之功夫也;出门如见大宾,使民如承大祭,敬之气象也;修己以安百姓,笃恭而天下平,敬之效验也。[1]

曾国藩强调"主敬",实际上突出的是一个人的精神状态:"庄敬日强,安肆日偷。"人要自强、自信、自立,对待生活、对待工作庄敬严肃,持这种态度的人,

---

[1] 唐浩明.唐浩明评点曾国藩家书[M].北京:华夏出版社,2011:762.

必定会事业有成,生活充实;反之,精神萎靡、缺乏自信、处处傍人,必定是事业无成、生活空虚,即便是身体也不会好。"主敬则身强"说的就是这层意思。曾国藩一生"历百千艰阻而不挫屈",在很大程度上得力于"主敬"二字,即一种积极进取的精神状态。

"求仁",用今天的话来讲就是对人要有仁爱之心。"孔门教人,莫大于求仁,而其最切者,莫要于欲立立人,欲达达人数语。"曾国藩十分推崇宋儒张载在《西铭》中对人与人、人与万物关系的概括:"民吾同胞,物吾与也。"人类万物同为天地父母所生,同出一源,因此都应该互相关爱。曾国藩把这种关系上升为"必如此,乃可谓之人,不如此,则曰悖德,曰贼"[1]的高度。咸丰九年(1859年)五月初八的日记中,曾国藩记下了他和九弟国荃关于"为人之道"的一段讨论:

夜与沅弟论为人之道有四知,……四知之目,

---

[1] 唐浩明.唐浩明评点曾国藩家书[M].北京:华夏出版社,2011:762.

即《论语》末章之"知命、知礼、知言",而吾更加以"知仁"。仁者,恕也。己欲立而立人,己欲达而达人,恕道也。立者足以自立也,达者四达不悖,远近信之,人心归之。……我欲足以自立,则不可使人无以自立;我欲四达不悖,则不可使人一步不行,此立人达人之义也。孔子所云"己所不欲,勿施诸人",孟子所云"取人为善,与人为善",皆恕也、仁也。知此,则识大量大;不知此,则识小量小。故吾于三知之外,更加"知仁"。愿与沅弟共勉之。沅弟亦深领此言。[1]

"求仁则人悦",就是说,只要你时时处处与人为善,设身处地替人着想,别人也就欢迎你、信服你、跟你走。可以说,"求仁则人悦"是曾国藩一生在处理官场、友朋、家庭等人际关系时所遵守的一条基本原则。

"习劳"二字,意思清楚明白。"习劳则神钦"说

---

[1] 曾国藩.曾国藩日记[M].贾泓杰,王诚伟,整理.北京:九州出版社,2014:256—257.

的是人应该用自己的辛勤劳作来换取生存和社会地位。圣君贤相等在上位者,以自己的智慧、才能给天下百姓带来福祉;升斗小民,则凭一己之才技和努力为家庭谋温饱。无论是智慧和才能,还是才技和努力,皆来自勤劳艰苦,都来自个人的付出。当一个人的付出和他所得的酬劳相一致的时候,就不会招来忌妒和怨恨,否则,就会惹得天怒人怨。在本节开始时我们提到的那封给两个儿子纪泽、纪鸿的信中,曾国藩写道:

> 若农夫织妇终岁勤动,以成数石之粟数尺之布,而富贵之家终岁逸乐,不营一业,而食必珍馐,衣必锦绣,酣豢高眠,一呼百诺,此天下最不平之事,鬼神所不许也,其能久乎?[1]

这是一位父亲在将近一个半世纪前写给儿子们的一封信,此时的曾国藩是清政府的侯爵、大学

---

[1] 唐浩明.唐浩明评点曾国藩家书[M].北京:华夏出版社,2011:762—763.

士、两江总督,信中能够如此清醒地看到当时社会上所存在的这种最不平等的现象,能够如此真诚地对农夫织妇这些处于社会最底层的人予以同情,对于不事生产却坐享奢华生活的富贵之家给予严厉的谴责,应该说是非常不容易的。而更不容易的是,这种同情和谴责不是仅仅停留在文字和口头上,而是付诸实践,用来律己,用来教育和约束自家的子弟。翻阅《日记》,随处都可以看到类似的记载:

> 细思修己治人之道,果能常守"勤、俭、谨、信"四字,而又能取人为善,与人为善,以礼自治,以礼治人,自然寡尤寡悔,鬼伏神钦,特恐信道不笃,间或客气用事耳。[1]

> 细思古人修身、治人之道,不外乎前此所见之"勤、大、谦"。……而"勤、谦"二字,尤为彻始彻终,须臾不可离之道。勤所以儆惰也,谦所以儆傲也。

---

[1] 曾国藩.曾国藩日记[M].贾泓杰,王诚伟,整理.北京:九州出版社,2014:661.

勤能且谦,则大字在其中矣。……吾将守此二字以终身,倘所谓"朝闻道、夕死可矣"者乎![1]

在咸丰四年(1854年)八月十一日给远在家乡的四位弟弟的家信中,他写道:

凡一家之中,勤敬二字能守得几分,未有不兴;若全无一分,未有不败。……子侄除读书外,教之扫屋、抹桌凳、收粪、锄草,是极好之事,切不可以为有损架子而不为也。[2]

要求家中的子侄辈从小要和农家子弟一样,养成劳动的习惯。把"习劳"二字作为自己修身的重要内容且用以严格约束子弟,固然与曾国藩出身农家,从小受到祖父和父母的影响有关,但更主要的可能是出于他对儒家理想人格的信念和个人阅历

---

[1] 曾国藩.曾国藩日记[M].贾泓杰,王诚伟,整理.北京:九州出版社,2014:393.
[2] 唐浩明.唐浩明评点曾国藩家书[M].北京:华夏出版社,2011:183.

的智慧。

慎独则心安,主敬则身强,求仁则人悦,习劳则神钦。这是曾国藩一生用以儆惕的修己之道,是他被誉为"千古完人"的魅力所在,更是他一生学问、事业成功的基础。

三、治家:"书、蔬、鱼、猪,考、早、扫、宝"八字诀

在中国传统社会中,家的观念特别重要,在儒家的"修齐治平"理想人格中,"齐家"是介于"修身"和"治国"之间的津梁。正如《大学》所云:"古之欲明明德于天下者,先治其国;欲治其国者,先齐其家;欲齐其家者,先修其身。"[1]君子欲实现自己的抱负,成就一番治国平天下的事业,必须有一个和睦、勤俭、向善、好学的家庭作为依托。因此,重视子弟的教育,形成良好的家风,便成为中国传统文化的一个重要特征。历代以来,关于家庭教育的种

---

[1] 朱熹.四书章句集注[M].北京:中华书局,1983:4.

种格言、教本、典型人物和事件,可以说不胜枚举,而曾国藩的《日记》《家书》之所以在清末民初后来居上,几乎成为士大夫人手一编的必读之书,其中一个重要原因,就是人们把它当作治家圭臬,在社会动荡不安的大变革时期,试图从中寻求治家教子的智慧和启迪。

同治五年(1866年)十二月初六,两江总督任上的曾国藩给远在湖南家乡的四弟国潢写信,讨论家庭教育问题,主要是将他近来整理好的祖父留下的家规告诉家里。曾氏兄弟五人,国藩为长,四个弟弟中有三个早年亦投笔从戎,长年在外,且其中两个分别在与太平天国作战时阵亡和染时疫而死。只有四弟国潢留在老家,主持家务,照顾家庭。在信中,曾国藩写道:

家中要得兴旺,全靠出贤子弟。若子弟不贤不才,虽多积银积钱积谷积产积衣积书,总是枉然。子弟之贤否,六分本于天生,四分由于家教。吾家代代皆有世德明训,惟星冈公之教尤应谨守牢记。

吾近将星冈公之家规编成八句,云:"书、蔬、鱼、猪、考、早、扫、宝,常说常行,八者都好;地、命、医理、僧巫、祈祷、留客久住,六者俱恼。"盖星冈公于地、命、医、僧、巫五项人,进门便恼,即亲友远客久住亦恼。此八好六恼者,我家世世守之,永为家训。子孙虽愚,亦必略有范围也。[1]

信中提到的"星冈公"是曾的祖父,名玉屏,号星冈。此人一生在乡村种田,虽未见过大世面却有见识,对子孙课读甚严、影响极大。祖父说过的一句话让曾国藩终生难忘:当年他刚中进士进入翰林院的时候,"星冈公训竹亭公曰:'宽一虽点翰林,我家仍靠作田为业,不可靠他吃饭'"。[2] 竹亭公是曾国藩的父亲,宽一是曾国藩的乳名。孙子中了进士、点了翰林,祖父教训儿子,我们家仍靠种田为生,不可靠他吃饭。这句体现了乡间农人远见卓识

---

[1] 唐浩明.唐浩明评点曾国藩家书[M].北京:华夏出版社,2011:678.
[2] 同上:650.

的话,让曾国藩一辈子牢记不忘。曾国藩的治家理念和许多具体实践,都深受其影响。

信中所讲的"六恼","恼"就是不高兴、不愿意或者说不准许家人和子孙后代做的事情,"六恼"包括不与地(即地仙,原指神话故事中住在人间的仙人,乡村中多指游手好闲没有正当职业的人)、命(算命的人)、医生、僧人、巫婆等交往,不在家里做求神拜佛的事,也讨厌家中留客人久住。以今天的眼光来看,这"六恼"之中有合理的内容,比如说不与地仙、算命先生、巫婆神汉打交道,不准此类人进家门,不在家中做法事,等等;但显然也有不科学或不近人情的地方,如不与医生交往就实在令人想不通,当然也难以做到,而不在家中久留客人似乎也有点一概而论缺乏具体分析。也许正是由于上述原因,对于祖父家规中的"六恼",曾国藩在《日记》或《家书》中很少再提到。事实上,他本人也未能遵守。曾氏一生体弱多病,数十年中几乎经常与医生打交道。因此,从一定意义上可以说,曾国藩虽然在信中写道"此八好六恼者,我家世世守之,永为家训"，实际上他更多关注的是"八好"，并结合自己的亲身体验和对世道人心的观察、思考，大大拓展和提升了"八好"的内容。

先从字面上解释一下"书、蔬、鱼、猪，考、早、扫、宝"所谓"八好"。"书"是读书，意义自然明白，要求子弟读书明理；"蔬""鱼""猪"是指乡间农人的种菜、养鱼、养猪等日常劳作，即不要丢掉农家的生活方式和习惯；"早""扫"，分别指的是起早不睡懒觉，自己动手清扫庭院、收拾房屋，强调的是勤、俭二字；"考"，指的是祭祀祖先虔诚恭敬，凡器皿第一等好者留作祭祀之用，饮食第一等好者亦备祭祀之需，贵孝道、贵和睦；"宝"则是指善待邻里，凡亲戚邻里来家，无不恭敬接待，有急必周济之，有讼必排解之，有喜必庆贺之，有疾必问，有丧必吊。

在中国的家庭伦理中，作为家中的长子，曾国藩在教育自己的子女之外，亦承担着教育诸位弟、妹、子侄辈的责任，更肩负着继承发扬家风的重任。其实，"八好"的内容，曾国藩早已在践行之中。

(一) 愿其为耕读孝友之家,不愿其为仕宦之家

道光二十九年(1849年)四月十六日,曾国藩在接到祖父病重的家信后,给四位弟弟的信中重点谈了自己对家庭长远发展的一些想法。他说:

> 吾细思凡天下官宦之家,多只一代享用便尽。其子孙始而骄佚,继而流荡,终而沟壑,能庆延一二代者鲜矣。商贾之家,勤俭者能延三四代;耕读之家,谨朴者能延五六代;孝友之家,则可以绵延十代八代。我今赖祖宗之积累,少年早达,深恐其以一身享用殆尽,故教诸弟及儿辈,但愿其为耕读孝友之家,不愿其为仕宦之家。诸弟读书不可不多,用功不可不勤,切不可时时为科第仕宦起见。若不能看透此层道理,则虽巍科显宦,终算不得祖父之贤肖,我家之功臣。[1]

信中明确提出曾氏家族发展的定位,希望成为

---

[1] 唐浩明.唐浩明评点曾国藩家书[M].北京:华夏出版社,2011:106—107.

耕读孝友之家，而不愿成为仕宦之家，而且明确指出，这样的定位是符合祖父的意愿的，否则就是曾家的不肖子孙。按照一般人的观念，官宦之家有权有钱，是人们趋之若鹜的一等家庭；商贾之家有钱无权，至少也是二等家庭；耕读之家既无权又无钱，最多属于三等。但在曾国藩眼里，其排序恰好相反。为什么会这样？这是因为，在曾国藩看来，权和钱都对子孙的成长不利，两者俱全，则更不好。而耕读之家虽然无权无钱，但知书识礼，有利于子弟成长。孝友，即孝顺父母、友爱兄弟，是一种良好的家风。这种家风，既可存在于耕读之家，亦可存在于商贾之家、官宦之家。有了这种好家风，家运更可长久维持。在以后的多种场合，他都反复讲述自己的这一观点。下面是咸丰六年（1856年）九月二十九日曾国藩写给小儿子纪鸿信中的一段话：

> 家中人来营者，多称尔举止大方，余为少慰。凡人多望子孙为大官，余不愿为大官，但愿为读书明理之君子。勤俭自持，习劳习苦，可以处乐，可以

处约。此君子也。余服官二十年,不敢稍染官宦气习,饮食起居,尚守寒素家风,极俭也可,略丰也可,太丰则吾不敢也。凡仕宦之家,由俭入奢易,由奢返俭难。尔年尚幼,切不可贪爱奢华,不可惯习懒惰。无论大家小家、士农工商,勤苦俭约,未有不兴,骄奢倦怠,未有不败。尔读书写字不可间断,早晨要早起,莫坠高曾祖考以来相传之家风。吾父吾叔,皆黎明即起,尔之所知也。[1]

此时的曾纪鸿年仅9岁,他是曾家在连续生了四个女儿之后,曾国藩38岁时才得的儿子,在家中受到父母的疼爱自然是人之常情。就是面对这样一个9岁的孩子,曾国藩写下了如此情意真挚而又袒露心胸的一番话。9年后,当16岁的侄儿曾纪瑞(曾国荃长子)考中秀才的喜讯传来,曾国藩立刻给在家乡的四弟、九弟(国荃)写信,在表示祝贺的同时,再次表达了这样的意思:

---

[1] 唐浩明.唐浩明评点曾国藩家书[M].北京:华夏出版社,2011:214.

纪瑞侄得取县案首,喜慰无已。吾不望代代得富贵,但愿代代有秀才。秀才者,读书之种子也,世家之招牌也,礼义之旗帜也。谆嘱瑞侄从此奋勉有功,为人与为学并进,切戒骄奢二字,则家中风气日厚,而诸子侄争相濯磨矣。[1]

不愿子孙为大官,不望代代得富贵,但愿为读书明理的君子,曾氏的这几句话百余年来在士人之间广为传诵。自己身为政府高官,却不愿子侄们做大官、发大财,此话怎讲？读读曾国藩的下面一段言论,我们就会明白他的内心世界：

予自三十岁以来,即以做官发财为可耻,以宦囊积金遗子孙为可羞可恨,故私心立誓,总不靠做官发财以遗后人。神明鉴临,予不食言。……盖儿子若贤,则不靠宦囊,亦能自觅衣饭；儿子若不肖,则多积一钱,渠将多造一孽,后来淫佚作恶,必且大

---

[1] 唐浩明.唐浩明评点曾国藩家书[M].北京：华夏出版社,2011：615.

玷家声。故立定此志,决不肯以做官发财,决不肯留银钱与后人。[1]

曾国藩的逻辑是,做官和发财是两码事情,他认定靠做官发财积金遗子孙为可耻。但是,在现实的官场上,能够有这种清醒的认识并坚持操守是难之又难的。与其让子侄走做官的路而毁掉他们并造孽子孙、玷污家声,不如鼓励他们做读书明理的君子,勤俭自持,习劳习苦,可以处乐,可以处约。曾国藩的这种教子逻辑,即使在百年后的今天读起来仍让人深思。

(二)家勤则兴,人勤则健;能勤能俭,永不贫贱[2]

这是同治七年(1868年)五月二十五日,在南京两江总督府上,曾国藩为家中妇幼辈拟定功课单

---

[1] 唐浩明.唐浩明评点曾国藩家书[M].北京:华夏出版社,2011:103.
[2] 曾国藩.曾国藩日记[M].贾泓杰,王诚伟,整理.北京:九州出版社,2014:1108.

后特意在后面添上的四句话。随着曾家兄弟事业的发达和官越做越大,曾国藩非常担心家里人会忘记先世之艰难而变得骄奢淫逸。他针对家中不同对象,或当面训谕,或书信劝诫,动之以情,晓之以理,要求家中大小,不忘"勤、俭"二字。首先是对四位弟弟提出严格的要求,因为在家中他们的言行不仅影响着子侄们,而且也关系到曾氏家族在村里、县里乃至湖南和全国的名誉与家声。咸丰四年(1854年)八月十一日,曾国藩给家中四位弟弟的信中特别讲到这个问题:

> 诸弟不好收拾洁净,比我尤甚。此是败家气象。嗣后务宜细心收拾,即一纸一缕、竹头木屑,皆宜捡拾伶俐,以为儿侄之榜样。一代疏懒,二代淫佚,则必有昼睡夜坐、吸食鸦片之渐矣。四弟、九弟较勤,六弟、季弟较懒。以后勤者愈勤,懒者痛改,莫使子侄学得怠惰样子。至要至要。[1]

---

[1] 唐浩明.唐浩明评点曾国藩家书[M].北京:华夏出版社,2011:183.

信中批评诸弟不喜欢"收拾洁净",就是没有恪守祖父"八好"中的"扫"字,并把这种懒惰行为,上升到"败家气象"来认识;还指名道姓地批评了六弟、季弟的懒惰,告诫他们,我们不做出好榜样,子侄辈就会一代不如一代。对于常年在家主持家务的四弟,他专门写信特别叮嘱:

> 以后望弟于俭字加一番工夫,用一番苦心,不特家常用度宜俭,即修造公费,周济人情,亦须有一俭字的意思。总之,爱惜物力,不失寒士之家风而已。莫怕寒村二字,莫怕悭吝二字,莫贪大方二字,莫贪豪爽二字。弟以为然否?[1]

他非常担心这位主持家务而又特爱面子的阿弟,在家乡讲排场、摆阔气,大手大脚,丢失"寒士之家风"。曾国藩常年在外做官,单身赴任或带兵打仗住在营中,夫妻之间离多聚少,深知妻子在教育

---

[1] 唐浩明.唐浩明评点曾国藩家书[M].北京:华夏出版社,2011:550.

儿女上的责任重大,写信勉励夫人:

> 夫人率儿妇辈在家,须事事立个一定章程。居官不过偶然之事,居家乃是长久之计,能从勤俭耕读上做出好规模,虽一旦罢官,尚不失为兴旺气象。若贪图衙门之热闹,不立家乡之基业,则罢官之后,便觉气象萧索。凡有盛必有衰,不可不预为之计。望夫人教训儿孙妇女,常常作家中无官之想,时时有谦恭省俭之意,则福泽悠久,余心大慰矣。[1]

事实上,这位欧阳夫人和曾国藩一样,律己极严,教育子女有方。有一年带领子媳到安庆两江总督府上住了一段时间,每天与儿媳、女儿等在府中纺棉纱,约定以四两为率,常常至二更才歇息。[2] 堂堂的总督府后院,七架纺车从早响到晚,"每日纺

---

[1] 唐浩明.唐浩明评点曾国藩家书[M].北京:华夏出版社,2011:714.
[2] 欧阳兆熊,金安清.水窗春呓[M].北京:中华书局,1997:16.

声甚热闹"。[1]对于子侄辈这方面的教育,曾国藩更是重视。翻阅其日记,可以看到,只要子女在身边,他总是向他们灌输这一道理:

傍夕至内室与诸女论节俭、习劳之道。[2]
傍夕训两儿,言作人之道以知艰苦为最要。[3]

子侄们不在身边,则通过书信谆谆教诲:

今家中境地虽渐宽裕,侄与诸昆弟切不可忘却先世之艰难,有福不可享尽,有势不可使尽。勤字工夫,第一贵早起,第二贵有恒;俭字工夫,第一莫着华丽衣服,第二莫多用仆婢雇工。[4]

---

[1] 唐浩明.唐浩明评点曾国藩家书[M].北京:华夏出版社,2011:554.
[2] 曾国藩.曾国藩日记[M].贾泓杰,王诚伟,整理.北京:九州出版社,2014:683.
[3] 同上:789.
[4] 唐浩明.唐浩明评点曾国藩家书[M].北京:华夏出版社,2011:555.

这是他写给侄子纪瑞信中的一段话。

> 吾家妇女须讲究做小菜,如腐乳、酱油、酱菜、好醋、倒笋之类,常做些寄与我吃。……若外间买者,则不寄可也。[1]

这是他写给两个儿子纪泽、纪鸿信中的一段话。难道是总督大人真的没有可口的腐乳、酱油、酱菜过饭而等着家里人寄来吗?当然不是,醉翁之意不在酒,他是借此事让儿子们转告家中,"吾家妇女须讲究做小菜",以不忘记农家本分。读着这些在戎马倥偬、政事繁重的间隙抽空写下的"教子书",字里行间充溢着的良苦用心,实在令人感慨万分。

(三)世家子弟,门第过盛,万目所瞩,骄怠者败

同治七年(1868年)正月十七日晚,处理完一天公务,再一次细读《课子随笔》一书后,曾国藩在

---

[1] 唐浩明.唐浩明评点曾国藩家书[M].北京:华夏出版社,2011:655.

日记中写了如下一段感想:

> 大约兴家之道,不外内外勤俭、兄弟和睦、子弟谦谨等事。败家则反是。……盖达官之子弟,听惯高议论,见惯大排场,往往轻慢师长,讥弹人短,所谓骄也。由骄字而奢、而淫、而佚,以至于无恶不作,皆从骄字生出之弊。而子弟之骄,又多由于父兄为达官者,得运乘时,幸致显宦,遂自忘其本领之低,学识之陋,自骄自满,以致子弟效其骄而不觉。吾家子侄辈亦多轻慢师长,讥谈人短之恶习。欲求稍有成立,必先力除此习,力戒其骄;欲禁子侄之骄,先戒吾心之自骄自满,愿终身自勉之。[1]

在曾国藩看来,良好家风的承传,一个家族的兴旺,不仅要对子弟从正面引导、教育,还应该从反面提出要求,禁戒恶习萌发、滋生。而对于早已跻身官宦人家之列的曾氏家族而言,家庭衰败最可能

---

[1] 曾国藩.曾国藩日记[M].贾泓杰,王诚伟,整理.北京:九州出版社,2014:1069.

的突破点是一个"骄"字。子弟们身上有了"骄"字,初则傲慢师长,讥弹人短,疏远亲戚邻里,丢弃祖先留下的"宝"字家规,继则由骄而奢、而淫、而佚,以至于无恶不作。其实,上述感想不仅仅是从别人的经验教训中获得,曾国藩早已对自己兄弟子侄们身上发生的变化有所警惕,并多方规劝、训诫,构成了他治家思想的重要一环。

吾家子侄半耕半读,以守先人之旧,慎无存半点官气。不许坐轿,不许唤人取水添茶等事。其拾柴收粪等事,须一一为之;插田莳禾等事,亦时时学之。庶渐渐务本而不习于淫佚矣。至要至要,千嘱万嘱。[1]

这是曾国藩早年写给老家四位弟弟信中的一段话,要求家人不要有"半点官气",不准子侄们出门坐轿子,不准在家呼奴唤婢取水添茶,各项要求

---

[1] 唐浩明.唐浩明评点曾国藩家书[M].北京:华夏出版社,2011:171.

针对性强、具体而又可行。《日记》中有这样一段记载：曾国藩在军营中得到信息，"言沅甫起新屋，规模壮丽，有似公馆。所伐人家坟山大木，多有未经说明者。又言家中子弟荡佚，习于吹弹歌唱之风云云"。听到这个信息，曾国藩彻夜难眠，"细思余德薄能鲜，忝窃高位，又窃虚名，已干造物之忌，而家中老少习于'骄、奢、佚'三字，实深悚惧"。[1]沅甫即曾氏九弟国荃。曾国藩在深深自责的同时，马上给这位九弟写信：

良田美宅，来人指摘，弟当三思，不可自是。吾位固高，弟位亦实不卑；吾名固大，弟名亦实不小，而犹沾沾培坟墓以永富贵，谋田庐以贻子孙，岂非过计哉？[2]

对于这位早已是声名显赫的湘军将领的阿弟，

---

[1] 曾国藩.曾国藩日记[M].贾泓杰，王诚伟，整理.北京：九州出版社，2014：376.
[2] 唐浩明.唐浩明评点曾国藩家书[M].北京：华夏出版社，2011：476.

曾国藩的批评柔中带刚,婉转而严肃地指出,这种做法违背了"寒士之家风"。一句"岂非过计哉?"包含了批评、教育和期望的多重意思。同治三年(1864年)七月,虚岁17岁的小儿子纪鸿告别父母,离开安庆回原籍湖南参加甲子科乡试。临行时,曾国藩已再三嘱咐儿子做人行事要"力去骄惰二弊"。纪鸿还未到长沙,曾国藩给儿子的信已经发出,他不是担心儿子参加乡试能否考得好,而是对他到省城之后的行事不放心。因为,这些日子曾家发生了一件惊天动地的大事:湘军因攻下太平军首都天京(南京)立下大功,曾本人被清廷赐封一等侯爵、赏加太子太保衔、赏戴双眼花翎;曾国荃赐封一等伯爵,赏太子少保衔、赏戴双眼花翎。兄弟同日封侯伯,这不仅在湖南,即使在全国,古往今来也极为罕见。深知世态人情的曾国藩担心,在这样的时刻,小小年纪的纪鸿,万目所瞩,在湖南士绅一派颂扬、捧场,甚至是巴结、讨好的氛围中会举止失措。在信中,曾氏写道:

尔在外以谦谨二字为主,世家子弟,门第过盛,万目所瞩。临行时,教以三戒之首,末二条及力去骄惰二弊,当已牢记之矣。场前不可与州县来往,不可送条子,进身之始,务知自重。[1]

　　曾氏再三强调,要儿子一定谦谨行事,注意影响,特别嘱咐考试前不要去和地方官往来拉扯关系,更不能为考试的事递条子。他告诫纪鸿,参加乡试对你来讲是踏入社会的第一步,要清白做人,自爱自重,不可仗着父辈的功劳而走捷径。曾纪鸿此次乡试结果名落孙山,他一生的功名亦从此画上了句号。但是,倘若从另一个角度看,他的这个结果也为曾国藩的治家和曾氏的家风,做了一个很好的注脚。

　　愿家族世代为耕读孝友之家,不愿为仕宦暴发之家;愿子孙个个为读书明理之君子、礼义之旗帜,不愿他们做大官、发大财;家勤则兴,人勤则健,能勤能俭,永不贫贱;"勤""敬"二字能守得几分,未有

---

[1] 唐浩明.唐浩明评点曾国藩家书[M].北京:华夏出版社,2011:590.

不兴;"和"字能守得几分,未有不兴;世家子弟,门第过盛,万目所瞩,骄怠者败。曾国藩的治家理念和这些具体的家规、家训,读起来可以说句句"卑之而无甚高论",是早已融为中华民族优秀传统伦理的一部分,而他的治家实践及成效则是百余年来无数家庭争相仿效的楷模。古人讲,君子之泽,五世而斩,自古及今,家族鼎盛的局面能延续到五代以下者确是极其少见,而曾氏家族则至少五代之内代有英才,是海内外难得一见的长盛之家。其奥秘何在?一部《曾国藩日记》给我们提供了丰富生动、多姿多彩的答案。

侍讲学士的困境与出路
——《恽毓鼎澄斋日记》阅读札记[*]

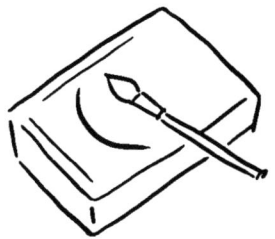

[*] 此文系与陈胜合作。

20世纪的第一个十年,是中国传统教育发生重大变革的十年,科举取士制度的废止,近代学制的颁布实施,大量新式学堂的创办,震撼着千百万在旧教育体制下穷年累月孜孜以求的士人的心灵,关系到他们的前途与命运。面对20世纪初的教育大变革,作为一名深受科举制度之惠的传统士人,恽毓鼎的认知和行动一方面明显地受到个人成长、文化传承所给予的深刻影响,对封建社会主流价值体系的崩溃感到痛心、无奈和愤懑;另一方面,出于对家族和个人切身利益的考量,又自觉或不自觉地跻身于这场变革之中。他的言论、行动所表现出来的种种矛盾和悖论,是20世纪初中国知识分子复杂面相的一个缩影,反映了剧变时代知识分子普遍面临的一种文化困境。

20世纪的第一个十年,对于有着数千年悠久历史的中国传统教育而言,实在是一个大变革的时期:1901年,清政府颁布"变法"上谕,改革教育成为"新政"的重要内容,受到朝野的极大关注;1902年,"壬寅学制"颁布;1904年,"癸卯学制"在全国颁行;1905年,清政府明令废止实行了一千三百年之久的科举取士制度;1907年,中国有了第一部女子学堂章程……一系列旷古未有的重大变革,震撼着千百万在旧教育体制下穷年累月孜孜以求的士人的心灵,关系到他们的前途与命运。面对这些巨变,士人们做何感想?他们的心态如何?这些问题在官方档案文献中很难发现,我们的教育史研究也很少予以注意。这是因为人们的真实思想和感情的流露带有私密性,往往受主、客观条件的制约而无法见之于公开的文字。事实上,当时有不少人通过日记这种传统士人惯用的形式,记下了彼时彼地的真实感受,"对晚清政治风云与思想变迁颇多反映,时发议论,折射出当时知识分子的思想状况","常常能透露其他文献资料中见不到的历史真相。"[1]解读这些日记,将日记中的记载与有关史料文献进行对比互证,有助于全面理解和把握一个世纪前那场大变革中知识分子的复杂心态,加深对历史全貌的认识。

《恽毓鼎澄斋日记》就是一部"具有很高的史料价值和可读性"[2]的日记。日记的主人恽毓鼎(1862—1918)原籍江苏常州,河北大兴人,翰林院侍讲学士、侍读学士,历任国史馆协修、纂修、总纂、提调、咸安宫总裁等职,特别是担任起居注官十余年,成为宫廷事件的旁观者和记述者,可以说见证了从戊戌变法到辛亥革命期间的诸多重大历史事件。他业余从医,在京、津一带颇有名气。1901年,清政府设立宪政研究所,恽被任命为总办,是晚清新政的参与者与见证人。1903年3月,恽"奉旨派充辛丑、壬寅恩正并科会试同考官",[3]与孙家鼐、

---

[1] 戴逸.序言[M]//恽毓鼎.恽毓鼎澄斋日记(1).史晓风,整理.杭州:浙江古籍出版社,2004:1.
[2] 同上:2.
[3] 恽毓鼎.恽毓鼎澄斋日记(1)[M].史晓风,整理.杭州:浙江古籍出版社,2004:209.

荣庆等一起主持了中国科举史上倒数第二次会试阅卷工作。1904年后,恽在京师创办和参与创办多所各类新式学堂并亲自为学生授课。辛亥革命前的1911年4月,恽辞去清政府一切任职,虽一再声称"顿觉无官一身轻,天空海阔,任我游翔,可为人生至乐",[1]但始终不忘情于文化教育事业。民国后,作为清朝遗老,恽一直活跃于文化教育界直至去世。那么,这位20岁中举,27岁中进士、点翰林,并曾随侍光绪皇帝,熟悉晚清中央政情的士人,对20世纪初的教育大变革持什么态度?有着怎样的心路历程和实际行动?一部百万余言的《恽毓鼎澄斋日记》,为我们留下了生动的记录和鲜活的材料。

一、王朝利益的考量:对改革科举与停废科举的矛盾心态

1905年科举制度的废止是清末"新政"时期的

---

[1] 恽毓鼎.恽毓鼎澄斋日记(1)[M].史晓风,整理.杭州:浙江古籍出版社,2004:531.

一项重大举措,它不仅推动了新式教育的发展,而且也深刻地影响着政府用人制度和仕进渠道。严复曾断言:"此事乃吾国数千年中莫大之举动,言其重要,直无异古者之废封建、开阡陌。"[1]把科举停废比之为秦始皇的废除封建制实行郡县制,实在是一种深刻的见解。无独有偶,作为旁观者,时任天津北洋大学堂总教习的美国传教士丁家立亦把此举称为"一项革命性的法令"。[2]众所周知,晚清科举取士制度的改革,实际上在维新变法时期即已拉开帷幕,进入20世纪,在国内外形势的逼迫下,改革步伐加快。整个过程大致可以分为戊戌与新政两个阶段,前一阶段的主角是以康有为、梁启超等为代表的维新志士,改革以"废八股,改试策论"为目标;后一阶段的主角则是袁世凯、张之洞、陶模等清朝封疆大吏,旨在全面停废科举。[3]科举取

---

[1] 严复.论教育与国家之关系[M]//严复.严复集(第1册).王栻,主编.北京:中华书局,1986:166.
[2] 骆惠敏.清末民初政情内幕(1)[M].北京:知识出版社,1986:311.
[3] 关晓红.科举停废与清末政情[J].中国社会科学,2000,(3).

士制度的改革与存废作为20世纪初中国社会的一件大事,考量着从身居庙堂到躬耕于穷乡僻壤的每一位士人。早在1898年初严修上奏《请设经济专科折》后不久,恽毓鼎即上《经济特科敬陈管见折》,在赞同严修主张的同时,提出两条建议:一是建议在保荐和试以策论的基础上,对录用人员根据其专长,分配至中央各部门在实际工作中考察一年,"言行相符而后大用";二是建议被推荐人员要有"才",更要有"德","不得以有才无行之人滥登荐牍,斯人品正而才皆有用之才矣"。[1] 折上,光绪帝在上谕中对恽提出的第二点给予充分肯定。很显然,这一时期的恽毓鼎是站在支持对科举取士做局部改革的一面。1898年6月23日,光绪皇帝发布上谕"废八股,改试策论",在这一天的日记里恽有如下记载:

  本日奉上谕,废八股,改试策论,令部臣详议章程。臣谨按:时文之弊,至今已极。……若改为论

---

[1] 恽毓鼎.恽毓鼎澄斋日记(1)[M].史晓风,整理.杭州:浙江古籍出版社,2004:794.

体,……诚善制也。唯愚意义理之学断不宜废。[1]

这段日记表达了作者的两层意思:一是积极拥护"废八股,改试策论"的举措,称之为"善制";二是对"义理之学"前途心存忧虑,担心科举考试内容与方法的改革,会影响到"义理之学"在人才培养中的核心地位。

综上所述,可以说在晚清科举改革的第一阶段,恽毓鼎的态度是比较积极的,他支持开设经济特科,不拘一格选拔人才,他完全赞成"废八股,改试策论"的主张;但是,无论是人才选拔方法的改革还是科举考试内容的改革,他都认为不能动摇"义理之学"的地位,因为,在他看来"人品正""趋向端"是最重要的一条。

进入 20 世纪,改革科举的步伐加快,陶模、张之洞、刘坤一、袁世凯等清廷重臣多次奏请停废科举取士制度。恽毓鼎的态度也随之发生转变,导致

---

[1] 恽毓鼎.恽毓鼎澄斋日记(1)[M].史晓风,整理.杭州:浙江古籍出版社,2004:160.

其态度转变的根本原因即在于随着改革的深入,他最关注的"义理之学"和"学术人心"日益受到冲击。1903年旧历二月初一至三月初一的整整一个月,恽毓鼎作为同考官,与孙家鼐、荣庆等一起主持了中国科举史上倒数第二次会试的阅卷工作。他工作认真,经常"日上而起,更深而寝,目不停览,手不停挥,无一刻可以暇逸,心力真交瘁矣"。[1] 但心情却很郁闷,为什么郁闷？因为许多考卷让他看了感到痛心和愤懑。他在1903年4月21日的日记中写道：

  各房二场卷,往往颂扬东西国为尧舜汤武,鄙夷中国则无一而可,至有称中朝为支那者。……枕上思之,不胜愤懑。[2]

  同月27日的日记中有如下记载：

---

[1] 恽毓鼎.恽毓鼎澄斋日记(1)[M].史晓风,整理.杭州：浙江古籍出版社,2004：219.
[2] 同上：220.

> 近来新学盛行,四书五经几至束之高阁,……久而久之,圣贤义理不难弃若弁髦矣。学术人心,可忧方大。张袁二制军立意欲废科举,其弊害至于是,更有不可胜言者,袁世凯(慰庭)不足道,张香老举动乃亦如此,岂不可痛哉![1]

恽毓鼎虽是皇帝近臣,但毕竟只是一个侍读学士,一介词臣,并无实权,当然无法与张之洞、袁世凯等封疆大吏抗衡,但在日记里却可以宣泄。在这里,他担心的是科举的停废将导致圣贤义理之学的"弃若弁髦"。1904年8月19日的日记中,再次表达了这样的心情:

> 近来中外学堂皆注重日本之学,弃四书五经若弁髦,即有编入课程者亦不过小作周旋,特不便昌言废之而已。不及十年,周孔道绝,犯上作乱,必致无所不为。其害终中于国家,其流毒且甚于祖龙焚

---

[1] 恽毓鼎.恽毓鼎澄斋日记(1)[M].史晓风,整理.杭州:浙江古籍出版社,2004:221.

坑之祸。南皮总督真吾道罪人也。[1]

在这里,他把义理之学的沦丧与清王朝的存亡联系在一起,直指主张停废科举的张之洞为名教罪人。

1905年9月2日,清政府发布上谕:

著即自丙午科为始,所有乡会试一律停止,各省岁科考试亦即停止。[2]

恽在当天的日记里写道:

有诏废科举,专以学堂取士。科举在今日诚可罢,唯各省学堂未能全立,从前奏定章程尤未妥善,必须重加订定,方可培植人才。若即持此课士,恐十年之后圣经贤传束之高阁,中国文教息灭,天下

---

[1] 恽毓鼎.恽毓鼎澄斋日记(1)[M].史晓风,整理.杭州:浙江古籍出版社,2004:250.
[2] 朱寿朋.光绪朝东华录[M].北京:中华书局,1958:5392.

无一通品矣。[1]

科举的废止是由皇帝谕旨宣布的,在这种情况下,即使在日记中也不便说三道四,流露真实的感受,只好无可奈何地写下"科举在今日诚可罢"一句,但笔锋一转,在学堂章程上大做文章。仍是抓住圣贤经传、义理之学这一主题,担心十年之后"中国文教息灭,天下无一通品"。

查阅恽毓鼎的日记,直至其去世,再没有对晚清停废科举一事说过好话,在以后十几年的日记中,每一提及此事,总是痛心疾首。

1906年8月19日:科举既废,科甲出身人不堪用,而学堂学生则又知其不足恃而不敢用(学部右丞创为学生毕业不给奖励,唯予文凭之议),然则将以何取士乎?所用者唯捐纳耳,贵游子弟耳,善走门路以求速化飞行之人耳。……毓鼎一腔哀愤,

---

[1] 恽毓鼎.恽毓鼎澄斋日记(1)[M].史晓风,整理.杭州:浙江古籍出版社,2004:276.

万行血泪,无日不盼中国强,大清永,万民安。往往从梦中痛哭而醒,泪痕犹渍枕函也。[1]

1910年4月27日:访陈松山前辈,畅论时局,共痛心于南皮故相之误人家国,为名教罪人(故相生平行事无一足取,而废科举以绝寒畯登进之途,崇东学以亡圣贤文学之绪,铸铜元以乱国计而朘民生,致今日上下交困,不可收拾,尤其罪之大者,而一般无行无识之徒,乃奉以山斗之名,言之齿冷)。[2]

1910年10月30日:余与李石府痛论今日学术人心之害,石府愤激不欲生。噫!谁生厉阶,不能不归咎于南北二张也。[3]

1911年7月22日:悲哉,悲哉!废科举,立学堂,不能不叹息痛恨于南皮、长沙二张矣。[4]

1911年8月23日:评阅医学堂毕业国文课

---

[1] 恽毓鼎.恽毓鼎澄斋日记(1)[M].史晓风,整理.杭州:浙江古籍出版社,2004:321.
[2] 恽毓鼎.恽毓鼎澄斋日记(2)[M].史晓风,整理.杭州:浙江古籍出版社,2004:482.
[3] 同上:507.
[4] 同上:541.

卷,吾以见中国文字之将亡矣,不能不太息痛恨于创议废科举、立学堂之大老也。[1]

辛亥革命后,其言词之激烈,直欲把张之洞追削官谥不可:

1911年11月27日:今日大局之坏,根于人心,而人心之坏,根于学术。若夫学术之坏,则张之洞、张百熙其罪魁也。二张之昧良心,何尝醉心新政,直热中耳。因热中而甘心得罪圣贤,得罪宗社,他日公道犹存,非追削官谥不可。[2]

从戊戌变法时期的改革科举,到新政时期的停废科举,前后十余年间,作为亲身经历者,恽毓鼎对这一重大事件的态度经历了从积极拥护到激烈反对的重大转变。其源盖出于他把科举取

---

[1] 恽毓鼎.恽毓鼎澄斋日记(2)[M].史晓风,整理.杭州:浙江古籍出版社,2004:545.
[2] 同上:562.

士制度的改革停废与清王朝的兴衰存亡自觉地联系在一起。前期拥护改革,是因为在他看来,设置经济特科,不拘一格选拔人才,有利于巩固封建王朝;而后期反对废止科举,则是担心科举制度的废止将导致这一制度所承载的圣贤经传、义理之学会随之消亡。科举取士制度废止后的第六个年头,清王朝在武昌起义的隆隆炮声中崩溃。导致清王朝灭亡的原因是多方面的,当然不仅仅是由于科举制度的被停废。但是,作为一名信守传统文化理念的知识分子,恽毓鼎却把"科举—学术—人心—大局"紧紧地联系在一起,用他的话来讲就是"大局之坏,根于人心,而人心之坏,根于学术"。在科举制被废止一个多世纪后的今天,回过头来研读这段历史,不能不说当事者的这段刻骨铭心的体认自有其道理。但是,他真的愿意把自己的命运与即将倾覆的封建王朝大厦死死地捆绑在一起吗?其实未必。随着形势的发展,恽毓鼎将面临新的矛盾和困境,他必须做出新的选择。

二、家族利益的考量：对新式学堂的矛盾心态

进入 20 世纪,清政府在改革科举的同时,始终把发展新式教育作为改革整个教育体制的重要一环,迭令各地兴办学堂。1901 年 9 月 14 日的"兴学诏"明确要求：

著各省所有书院,于省城均改设大学堂,各府及直隶州均改设中学堂,各州县均改设小学堂。……著各该督抚学政,切实通饬,认真兴办。[1]

1901 年 11 月 25 日,清政府谕政务处将袁世凯所奏山东学堂事宜及试办章程通行各省,仿照办理。三个月后,再次谕令各省督抚奏报兴学情况,语词严峻：

该督抚等身膺重寄,目击时艰,当知变法求才,

---

[1] 朱寿朋.光绪朝东华录[M].北京：中华书局,1958：4719.

实为当今急务。……如再观望迁延,敷衍塞责,咎有攸归,不能为该督抚等宽也。[1]

以后,在颁布《钦定学堂章程》《奏定学堂章程》,以及宣布递减科举中额和立停科举的历次谕旨中,软硬兼施,恩威并用,反复强调"时事多艰,兴学育才实为当务之急",责成各督抚"赶紧督饬各府、厅、州、县建设学堂,并善为劝导地方,逐渐推广"。[2]

那么,作为皇帝近臣的恽毓鼎,对清廷的这一重大举措抱什么态度,采取了什么行动呢?

翻阅这一时期的日记,随处可以看到恽毓鼎对各地新式学堂的不满与批评:

1904年8月19日:近来中外学堂皆注重日本之学,弃四书五经若弁髦。……官定学堂课程,有所谓修身学、伦理学。夫四书五经,何者非修身,何

---

[1] 朱寿朋.光绪朝东华录[M].北京:中华书局,1958:4833.
[2] 张百熙,荣庆,张之洞.重订学堂章程折[M]//璩鑫圭,唐良炎,编.中国近代教育史资料汇编·学制演变.上海:上海教育出版社,1991:289.

者非伦理?吾不知此外更以何者为修身、伦理也。其背戾不通,一至于此![1]

1906年8月2日:阅报纸,载湖南学生滋事情节颇详,麇聚全班,无理混闹,逼死监督(俞姓,伯钧,太史鸿庆之弟[眉],后知监督未死),詈辱官长。……从前科举之法固不善,然行之三百年,曾有此等暴动乎?在此中求人才,恐牛毛而麟角耳。孟子所谓"非徒无益,而又害之"。[2]

1908年5月21日:若目下学堂之法,将二十一行省之少年俱教成不通中文、不能写中国字而后止。祖龙焚坑,其祸不如此之烈也。[3]

有对课程设置的批评,有对学堂管理的不满,更有对教学内容的愤懑。然而,批评归批评,愤懑归愤懑,出于家族利益和个人前程的考量,恽毓鼎不仅适时地让自己的子女接受新教育,而且自己也

---

[1] 恽毓鼎.恽毓鼎澄斋日记(1)[M].史晓风,整理.杭州:浙江古籍出版社,2004:250.
[2] 同上:318.
[3] 同上:382.

主动投身新式学堂的创办活动。

就在清廷宣布立停科举的第二天,1905年9月3日,恽在日记里写下如下一段话:

科举虽罢,子弟不能不读书。命宝惠(恽之长子——引者)专一研究政法学,为他日致用之道……专就经济上着意,如法律、食货之类,皆宜贯穿本末,穷究利弊,一切琐琐异同可置之。[1]

恽的反应如此迅速,停废科举的谕旨才颁布了一天,他就果断地决定,让长子改弦更张,"一切琐琐异同可置之",研习政法学,以"为他日致用之道"。我们知道,恽毓鼎出身科举世家。其祖父恽光宸为道光戊戌进士,历官至江西巡抚。父恽彦琦为同治丁卯举人,内阁候补侍读。恽本人20岁中举,27岁中进士、点翰林。可以说,恽的一家,从祖父到他本人,都是科举取士制度的受惠者。1898

---

[1] 恽毓鼎.恽毓鼎澄斋日记(1)[M].史晓风,整理.杭州:浙江古籍出版社,2004:276—277.

年长子恽宝惠14岁时,恽毓鼎就让他回原籍大兴参加县学考试,并在日记里郑重其事记下一笔:"成儿取入大兴县学第二十五名(先生入第二十四名)。"[1]查这一年的日记,共有近20处提及此事,可见恽本人对儿子的期许和厚望。现在,儿子已从14岁的少年变成21岁的青年,而科举制度却无可奈何地被废止了,路断桥横,要想在仕途上发展,延续家族的地位和荣耀,必需另辟蹊径。进学堂、学法政,正是20世纪初从旧学转向新学的传统士人最愿意选择的一条捷径。日记中关于送子侄入法政学堂读书的记载还有多条,如:

> 1908年5月19日:宝铭(恽之侄子——引者)在法律学堂肄业,夜坐询考课程,验其勤惰。以屠雨航自日本寄来新译出《政法述义》十余种授之,督其逐次研究。[2]

---

[1] 恽毓鼎.恽毓鼎澄斋日记(1)[M].史晓风,整理.杭州:浙江古籍出版社,2004:175.
[2] 同上:381.

1909年10月15日：发常州电,命隽侄来京,考贵胄法政学堂。[1]

1910年1月7日：贵胄法政学堂出榜,橡侄取三十七名,骏侄取四十名,铭侄不录。[2]

年纪大些的子侄都送入学堂,年纪小的则在家设塾：

1904年2月23日：未刻为儿女开学,赞儿仍从程先生,丙女、柔儿、酉儿改请袁锡三先生(承恩。大兴廪生)。率儿辈在至圣先师前行礼,又拜先生,送入塾。[3]

1907年2月28日：未刻以车迓袁先生,命儿女开学。[4]

1909年2月16日：延江西鲁夫人督课九女、

---

[1] 恽毓鼎.恽毓鼎澄斋日记(2)[M].史晓风,整理.杭州：浙江古籍出版社,2004：455.
[2] 同上：468.
[3] 恽毓鼎.恽毓鼎澄斋日记(1)[M].史晓风,整理.杭州：浙江古籍出版社,2004：229.
[4] 同上：342.

一侄女、一孙女。晚,设席请师。[1]

从 1910 年春节过后的日记中可以看出,这时恽家设有两塾,一塾用来教育第三代,一塾用来教育第二代:

1910 年 2 月 28 日:午后陈鹤年先生先到,衣冠率汀、振、闰、樱四孩拜圣行开学礼。未刻,范俊丞先生到,复率赞、柔、酉三儿拜圣行开学礼。[2]

直至去世前一年,他在 1916 年 2 月 19 日的日记中还留下为三个儿子请塾师的记载:

为汀、振、闰别延同邑陈隐隆先生(栋)授读,下关书请柬,择二十日开学。[3]

---

[1] 恽毓鼎.恽毓鼎澄斋日记(2)[M].史晓风,整理.杭州:浙江古籍出版社,2004:424.
[2] 同上:474.
[3] 同上:759.

恽毓鼎共有8个儿子,9个女儿,10个孙子,2个孙女。儿女辈绝大多数都是在20世纪初新旧学制交替之际到了读书年龄,这让他大费周折。日记中也时时流露出这方面的苦恼:

1910年4月4日:因宝襄(恽之第二个儿子——引者)不率教,愤恨终日,中气因而下坠,腹胀不能偃仰。甚矣,为父者期望儿子之心如是其切也。[1]

1911年1月18日:因宝襄不率教,大动气恼。吾家累代清门,子弟皆恪守规矩。……今乃生此不肖子,岂余行止多亏,天以此示罚耶?若终不就范,毓鼎何面目以见祖先?[2]

究竟这个恽宝襄是如何"不率教"的,我们不得而知,但把一位饱读诗书、温文尔雅的侍讲学士气得中气下坠、腹胀不能偃仰,甚至感到无颜面去见

---

[1] 恽毓鼎.恽毓鼎澄斋日记(2)[M].史晓风,整理.杭州:浙江古籍出版社,2004:479.
[2] 同上:518.

祖先,大概是相当出格了。当然,更多的是成功的喜悦。他一心培养的长子宝惠确也为恽家争得荣耀。据日记记载,恽宝惠 22 岁"以主事分兵部学习行走";[1]23 岁"调(陆军部——引者)承政厅行走,充秘书科一等科员";[2]25 岁"派充禁卫军一等书记官","奖四品衔";[3]26 岁"升一等执事官,月薪百金";[4]27 岁"升补郎中","奉旨以道员记名简放,并赏加三品衔",[5]一年之内再次擢升,"以副都统记名简放"。[6] 27 岁做到镶黄旗汉军副都统,作为一个汉人,这样快速的升迁,连恽毓鼎也深感不安:

> 汉人任旗缺,乃近十年之破格,吾家科第虽盛,而此官则创为之。宝惠由任子纳赀为主事,甫六年,

---

[1] 恽毓鼎.恽毓鼎澄斋日记(1)[M].史晓风,整理.杭州:浙江古籍出版社,2004:298.
[2] 同上:352.
[3] 恽毓鼎.恽毓鼎澄斋日记(2)[M].史晓风,整理.杭州:浙江古籍出版社,2004:420,455.
[4] 同上:510.
[5] 同上:566.
[6] 同上:569.

历补郎官,遽跻二品,不可谓非乘时之缴幸也。[1]

大儿子乘了什么"时",恽毓鼎没有接着讲,但是,在日记的其他地方却透露了有关信息。1904年6月6日日记中有如下记载:

> 吏部具奏:翰林院侍读学士恽毓鼎之子宝惠,请给予萌生。奉旨:知道了。钦此。[2]

此时科举取士制度尚未废止,宝惠赶上了末班车,靠着老子的身份赚了个"萌生"头衔。在恽毓鼎看来,"萌生"头衔的获得为宝惠日后快速升迁奠定了第一块基石。换言之,恽宝惠既有科举体制下的功名身份,又有新学知识,在其父的指导下"专一研究政法学",这是他短期内仕途畅达的重要条件。

就个人而言,恽毓鼎在清廷宣布废止科举制度

---

[1] 恽毓鼎.恽毓鼎澄斋日记(2)[M].史晓风,整理.杭州:浙江古籍出版社,2004:569.
[2] 恽毓鼎.恽毓鼎澄斋日记(1)[M].史晓风,整理.杭州:浙江古籍出版社,2004:245.

之前,就已经开始投身新式学堂的创办了。1904年3月23日日记载:

午刻至畿辅小学堂,陪中西五教习开学酒席。[1]

畿辅学堂是恽创办的第一所新式小学堂,前后经营十数年,直至1917年去世。日记中有关畿辅学堂的记载有近百条,有的一个月内就记下多条,如,1906年2月记有4条,3月记有5条;而创办之初的1904年5月的最后一周内,居然有三天的日记中记有关于该学堂的事情。检阅这些有关日记可以看出,大至学堂教师聘任、经费筹措、课程设置、规章制度的拟订、教员的考核、教学方法的研讨、开除学生的决定;小至随堂听课、课后观操、批改作业、检查学生缺席情况,等等,无不一一亲自过问。而且,从1906年4月14日以后的很长一段时间内,日记中留下了恽每周一次给学生上课的

---

[1] 恽毓鼎.恽毓鼎澄斋日记(1)[M].史晓风,整理.杭州:浙江古籍出版社,2004:235.

记录：

1906年3月16日：午后至畿辅学堂，听教习讲论，看学生体操。[1]

1906年4月14日：未刻至畿辅学堂登讲台，为学生演说《论语》第一章。此后，每值休沐前一日则登台讲四书或经书一章，使学生有所启悟。[2]

1906年5月10日：至畿辅学堂……与郑、宋、侯、王、白五教习面论，请其每日散学后在揭石馆中会谈一小时，彼此研究讲授之学，互换知识，精益求精，以收教学相长之益。[3]

1910年9月3日，畿辅学堂举行首届高等小学毕业生毕业典礼：

辰刻至畿辅学堂，率高等小学诸生行毕业礼，

---

[1] 恽毓鼎.恽毓鼎澄斋日记(1)[M].史晓风,整理.杭州：浙江古籍出版社,2004：301.
[2] 同上：305.
[3] 同上：308—309.

发文凭,共二十一人,学部考取十八人,奏充廪增附生,馀三人给俏生留习。[1]

辛亥革命后,畿辅学堂继续开办,直至他去世前不久的日记中还有关于该学堂的记载。恽毓鼎致力较多的另一所学堂是顺直学堂。顺直学堂从1905年底开始筹备,一年后在金台书院原址开办,至1913年9月因筹款无着而解散,前后七年,用恽毓鼎自己的话来讲是"顺直学校以无款停办。……余掌校事七年,备历艰苦,成就甲、乙、丙三班学生八十余人"。[2]七年间他不仅"以校长而兼尽教员之义务,……每星期二、星期五上历史两堂",[3]而且,为筹款、教员聘请、学生管理等事付出了大量心血。第三所学堂是1908年创办的医学学堂,1912年也因经费不济而停办,前后四年。此外,民国前恽毓鼎在京参与创办或参与主持的新式教育机构

---

[1] 恽毓鼎.恽毓鼎澄斋日记(2)[M].史晓风,整理.杭州:浙江古籍出版社,2004:498.
[2] 同上:662.
[3] 同上:633.

还有(旅京)江苏学堂(1905年)、龙泉寺小学(1906年)、顺天二十四属中学堂(1908年)、辅仁改良私塾(1909年),民国初年参与创办或参与主持的新式教育机构尚有利仁义塾(1912年)、农业学校(1913年)、甲种农业学校(1916年)等,总数达十余所,日记中都留下了相关记载。

恽毓鼎以起居注官、翰林院侍讲学士、国史馆总纂、咸安宫总裁等身份所从事的上述办学活动,使他在体制外获得了一定的社会声誉和新的身份认同。晚清至民初的十几年间,各种民间的、官方或半官方的学术团体、政治团体,新旧杂陈,如雨后春笋。由于上述活动带来的社会声誉,恽毓鼎先后被推举担任了多个会社团体的会长、副会长。据日记记载:

> 1908年10月4日:未刻至湖广馆,赴教育会特别会,投票公举会长。余及李嗣香前辈得票最多,且数目相同,遂同充正会长。[1]

---

[1] 恽毓鼎.恽毓鼎澄斋日记(1)[M].史晓风,整理.杭州:浙江古籍出版社,2004:399.

1909年7月29日：酉初一刻往良氏愚园赴世界教育会,各国学界有名者皆充会员,中国唯余及江伉甫二人。[1]

1910年10月2日：申初刻至蜀学堂旅京教育会,……余充会长一年,轮应更换,由会员投票公举,余得票仍在多数,连任一年。[2]

1912年4月15日：未刻赴社政进行会公举会长,……全会一致推(余)为会长。[3]

1912年6月29日：午刻赴湖南馆教育统一大会,会员一百十一人。余登台演说教育原理,众多拍掌。旋投票公举理事四人(即会长),余得一百零三票当选。[4]

1912年10月20日：西珠市口医学研究会全体会员开会,……余登台演说,……语次众屡拍掌,其声如雷。会中议公推余为评议总长。[5]

---

[1] 恽毓鼎.恽毓鼎澄斋日记(2)[M].史晓风,整理.杭州：浙江古籍出版社,2004：449—450.
[2] 同上：502.
[3] 同上：586.
[4] 同上：597.
[5] 同上：613.

1912年10月21日：昨日顺天二十四属联合会开会，……投票，余得次多数，为副会长。[1]

1913年4月27日：未刻至湖广馆赴孔社成立大会，入社者一千三百馀人。……嗣投票选举，余以四百十四票得副社长。社长为徐花农前辈。[2]

1914年3月31日：孔道会送敦请书来，公推余任名誉会长。[3]

1914年7月19日：饭后赴社政会改选正副会长。会员到四十五人，全体起立，坚请余及李丈连任，毋庸写票改举。余力辞不获，拍掌之声如雷，只可就职。[4]

从上述日记摘录中可以看出，对于这些林林总总的"会长""副会长"之类的新的身份，不管其倾向是"趋新"，还是"守旧"，恽毓鼎都是非常认同且颇

---

[1] 恽毓鼎.恽毓鼎澄斋日记(2)[M].史晓风,整理.杭州：浙江古籍出版社,2004：613.
[2] 同上：641.
[3] 同上：684.
[4] 同上：697.

为得意,日记中有意无意记下的"众屡拍掌""其声如雷""力辞不获"等词汇,表达的正是这种心情。特别在教育统一大会的选举会上,恽与汤化龙、王金绶、章炳麟等叱咤民初政坛的风云人物共同当选,真有点让他感到受宠若惊。他在当天的日记中写道:

> 汤君(指汤化龙——引者)为当代闻人,余则旧人也,乃票数几与相埒,亦奇事也。[1](恽以103票当选,汤以105票当选,二人仅差两票——引者)

"奇事"二字,包含了恽毓鼎难以言说的感受和遐想。

在20世纪初的教育大变革中,如果说,恽毓鼎对科举改革与废止的态度是前后矛盾的话,那么,他对新式学堂的态度,至少从表面上看,给人的一个突出印象是言行的错位。日记中处处流露出对

---

[1] 恽毓鼎.恽毓鼎澄斋日记(2)[M].史晓风,整理.杭州:浙江古籍出版社,2004:597.

新式学堂的不满和批评,但实际行动中却不仅送子侄进学堂,读法政,给他们指示学习新学的门径和方法,而且投身学堂的创办,亲手经营的各类新式学堂不下十余所。上述言行的错位何以产生?一个合理的解释是家族利益和自身利益的考量。揆之常理,恽毓鼎作为一个传统封建教育体制下的士子,少年得志,举人、进士、翰林,一路顺风,获得了那么多在常人看来求之不得的荣衔,应该是心满意足了。但是,他的感受是所有头衔,说到底仅是一名封建王朝的"词臣""史官"而已,而且一做就是二十几年,不仅没有什么实权,难以实现自己的抱负,连经济上也带不来更多的利益。这在日记中多有流露:

1907年3月10日:通籍几廿载,仍埋头龟于故纸堆中,冷局生涯固可笑,亦殊有味耳。[1]

"殊有味耳"只是一种自我解嘲,"冷局生涯可

---

[1] 恽毓鼎.恽毓鼎澄斋日记(1)[M].史晓风,整理.杭州:浙江古籍出版社,2004:343.

笑"才是真实心情的表白。在参加了1903年的会试阅卷之后,恽毓鼎企盼着1904年的阅卷工作也会有自己的份,这是因为,试学的差事会带来可观的额外收入。但是,人算不如天算,阅卷大臣名单公布后他榜上无名。在这天的日记中,恽写道:

> 分房揭晓。一日闷闷不出门。……予为家事所累,不能无望于试学差,乃并会房而亦失之,郁郁殊甚。[1]

倒是他的妻子较为通达,劝他说:

> 年甫四十,官至九卿,不为贱;家计虽不丰,然日用幸可支柱,不为贫;儿孙绕膝,大小安适,不无无聊。春秋佳日,饮酒看花,一门雍容,尽可寻乐,何怏怏于一差得失为![2]

---

[1][2] 恽毓鼎.恽毓鼎澄斋日记(1)[M].史晓风,整理.杭州:浙江古籍出版社,2004:235.

恽听了之后,"愧其意,念其诚,为之一笑"。一段夫妻间的对话,恽居然如实地记入日记,是用以自我安慰还是一种凄凉心情的宣泄?抑或是二者兼而有之?我们不得而知。也许正是这种切身利益的考虑,使恽毓鼎在清廷还未被推翻之前即决意辞去一切政府职务,另谋出路。投身新式学堂的创办在当时不仅是一种符合潮流的时髦之举,作为一名传统士子,也更符合他的身份。

一部 120 万字的《恽毓鼎澄斋日记》,为我们留下了认识、理解一个世纪前那场教育大变革中士人心态的生动记录和鲜活材料。恽毓鼎只是身处变革大潮中的千百万士人中的一个。他的认知和行动,一方面明显地受到个人成长、文化传承所给予的深刻影响,对封建社会主流价值体系的崩溃感到痛心、无奈和愤懑;另一方面,出于家族和个人切身利益的考量,他又自觉或不自觉地跻身于这场变革之中。他的言论、行动所表现出来的种种矛盾和悖论,是 20 世纪初中国知识分子复杂面相的一个缩影,反映了剧变时代知识分子普遍面对的一种文化困境。这是我们重新认识这段教育大变革,评骘历史人物时应该充分考虑的。

清末『废科举，兴学堂』的另一类解读

——《朱峙三日记（1893—1919）》阅读札记

在维新运动的改革浪潮中入塾读书,在辛亥革命的隆隆炮声中走出学堂,朱峙三的求学经历与清末"废科举,兴学堂"的教育大变革相始终。作为一名普通的读书人,朱峙三对19世纪末20世纪初私塾生活悄然变化的亲身经历,对废科举后科举制度在世人心目中地位沉沦的切身感受,对近代学校制度建立之初新旧杂糅、中西并陈现状的独特体验,都具有广泛的代表性。19世纪末20世纪初在中国发生的教育大变革,深深地牵动着每个读书人的切身利益,对绝大多数普通读书人而言,对待这场变革的态度归根到底是受个人的利害得失制约的。这段历史留给后人回味的,既有先知先觉者的呐喊和壮烈行动,也有王朝没落前的种种自救举措,更有千百万士子的心态变化和社会风尚的转移变迁。对于后者,我们的研究和认识还远远不够。

在纪念辛亥革命一百周年前夕,华中师范大学出版社出版了辛亥老人朱峙三的日记,对于从事中国近代教育史、近代社会史的学者而言,这实在是一件非常有意义的事情。正如章开沅先生在"代序"中所言:

> 作者自幼读书,成年后又长期从事教育工作。日记的选编,有意识地较多保留了这方面的记载。……这些对于研究清末废科举、兴学堂的教育体制改革,特别是对于研究具有深远影响的"癸卯学制",无疑很有裨益。……我相信,这方面的内容将会引起中国近代教育史研究者的注意。[1]

朱峙三(1886—1967),湖北鄂州市人,1904 年考中秀才,1905 年考入一年制江夏区师范学堂,毕业后在经历近一年的小学教师生涯后,1906 年秋考取两湖总师范学堂,直至 1911 年 10 月毕业。入

---

[1] 朱峙三.朱峙三日记(1893—1919)[M].胡香生,辑录.严昌洪,编.武汉:华中师范大学出版社,2011:2.

民国后,朱峙三长期活跃于教育界与政界。朱峙三一生留下 63 年的日记,计 104 册。《朱峙三日记(1893—1919)》(以下简称《日记》)所选录的正是在传统教育发生重大变革的历史时期,一位生活在小县城里的青年学子的所见所闻、亲身感受,从底层的视角折射出这些重大教育变革在民间、在基层所激起的波澜,从一个侧面展示了大变革时代青年学子从传统士人向现代知识分子转变的心路历程。

一、悄然变化的私塾生活

1886 年,朱峙三出生于湖北鄂城的一个贫苦家庭,父亲是一位民间医生,一生以行医为业,无恒产。鄂城位于长江中游南岸湖北省东部,与武汉毗邻。1893 年新春伊始,朱峙三入塾读书,像当时的绝大多数家庭一样,入学仪式隆重而充满戏剧性:

父亲准备香烛,午初带予至古楼王福堂世伯家上学。予穿马褂,父亲着公服。予先行三跪九叩礼无误,程师松年大喜,含笑曰:"昨夕在家所教耶?"向师行礼毕,父亲又向程师行拜跪礼。隆师重道,读书人家应该如此。[1]

第一年的私塾生活对于不满 7 岁的朱峙三而言是新鲜而有趣的,用折叠的硬方块纸片学习认字,背诵《三字经》《论语》《唐诗三百首》《阴骘文》,练习做对子,与塾中同学一起每月朔望向孔子牌位行三跪九叩礼,按月给塾师送茶水钱……特别让他记忆深刻的是入塾不久,父亲送他一柄新折扇作为奖励,并在扇面上抄录了两首诗,第一首是:

> 香骢红雨上林街,
> 墙内枝从墙外开。
> 唯有杏花真得意,
> 三年又见状元来。

---

[1] 朱峙三.朱峙三日记(1893—1919)[M].胡香生,辑录.严昌洪,编.武汉:华中师范大学出版社,2011:3.

第二首是：

> 玉殿金门次第开，
> 马前报道状元来。
> 三千宫女遥相望，
> 笑是当年小秀才。

对于朱峙三来说，新折扇是好玩的，而诗的内容实在是太艰深了些，但是，"父亲教予熟记之"。[1]

从1893年正月入塾，至1905年考入江夏区师范学堂，朱峙三在私塾读书前后12年。12年的私塾生活又大致可分为两段：第一段是1902年以前的八年，在私塾接受完全的教育，除节假日外，天天去上学；第二段从1902年开始至1905年，是在私塾附读，即不必天天去上学，只是把自己在家完成的文章拿去请塾师修改批阅。从《日记》里可以看出，前八年的私塾生活，对于一个不满15岁的儿童

---

[1] 朱峙三.朱峙三日记(1893—1919)[M].胡香生,辑录.严昌洪,编.武汉：华中师范大学出版社,2011：8.

来说,虽然有受到先生、邻里表扬的喜悦,有师生一起背诵唐诗、阅读《水浒》的欢愉,也有从同学和塾师口中获得各种信息的满足;然而,更多的是枯燥单调生活的无聊与无奈、背书的辛苦、作八股文的艰难:

王师一切教书例与程师、邱师同。上学时抽签,先后背书。中午写字、读诗、出对联,……学生难受益。[1]

师授诗,从未讲过,令学生熟读背诵,无益也。[2]

予以八比文为苦,思极窘。[3]

1900年年末,朱峙三总结自己八年读书的收获时写道:

予今年十五岁未满,记此八年中读书甚少。所作八股文止于半篇。……至现在唯《礼记》未读三分

---

[1][2] 朱峙三.朱峙三日记(1893—1919)[M].胡香生,辑录.严昌洪,编.武汉:华中师范大学出版社,2011:22.
[3] 同上:79.

之一,其余四书五经、《幼学琼林》《龙文鞭影》俱已读毕。中最熟者为《左传》,不熟者为《书经》。八股文熟而能背诵者约四十篇,七家诗熟者约五十余首,唐诗三百首能诵者约二百余首,一字不遗,《古文观止》熟诵者二十余篇,因师所授亦不多。师工篆、隶、行草、钟鼎文,有名于时。予亦能书,则受师之益也。[1]

八年的私塾生活单调而平静。

朱峙三在鄂城的私塾里苦苦背书的1893年至1900年间,中国传统教育正经历着维新运动浪潮的猛烈冲击。1898年6月以后,光绪帝多次发布谕旨改革科举取士制度,其重要者,如诏自下科为始,乡会试及生童岁科各试,向用四书文者,一律改试策论;嗣后一切考试,毋庸用五言八韵诗,均以讲求实学、实政为主;不得凭楷法之优劣取士,等等。在张之洞的主持下,省垣武汉三镇已在全国率先创办了两湖书院、武备学堂、自强学堂等新式教育机构,

---

[1] 朱峙三.朱峙三日记(1893—1919)[M].胡香生,辑录.严昌洪,编.武汉:华中师范大学出版社,2011:71.

"严立学规,改定课程,一洗帖括词章之学,……皆以中学为体,西学为用"。[1] 近在咫尺的鄂城虽然不时有京城变法的消息传来,[2]但学塾的生活依旧刻板而沉闷,没有丝毫生气。父亲的鞭策是朱峙三刻苦读书的最大动力:

> 我家两代住城,上无片瓦,下无立锥,只有靠汝读书寻出路耳。城内之张、涂非世家,皆奋起之寒士,汝当细思之,并效法焉。[3]

他自己也意识到:

> 寒士求出路在科举,予家凤贫,非如此求学不

---

[1] 张之洞.两湖、经心两书院改照学堂办法片[M]//朱有瓛.中国近代学制史料(第1辑下册).上海:华东师范大学出版社,1986:397.
[2] 如"今日在塾闻学友云,……中国与日本海战失败""今日在塾中,闻北京七月因维新所杀六大臣为:康广仁系有为之胞弟……"(朱峙三.朱峙三日记(1893—1919)[M].胡香生,辑录.严昌洪,编.武汉:华中师范大学出版社,2011:17,45.)
[3] 朱峙三.朱峙三日记(1893—1919)[M].胡香生,辑录.严昌洪,编.武汉:华中师范大学出版社,2011:47—48.

能弋取功名,为时人所轻视。[1]

全国性和地区性的许多重大教育变革举措,在进入20世纪之前,并未能在紧邻省垣武汉的鄂城私塾里引起任何实质性的变化。朱峙三的日记告诉我们,除了从北京传来的甲午战败、康梁变法和义和团、红灯照的消息使平静的学塾泛起阵阵不安外,师生们仍旧沉浸在"四书五经"的背诵和八股文的钻研之中。

进入20世纪后的第一年,1901年8月29日,清政府下令此后"一切考试,凡'四书''五经'义均不准用八股文程式,策论均应切实敷陈。不得仍前空衍剽窃"。[2] 在10月4日的日记里,朱峙三有如下记载:

朝廷近日已下诏改科举制度,不用八股诗赋取

---

[1] 朱峙三.朱峙三日记(1893—1919)[M].胡香生,辑录.严昌洪,编.武汉:华中师范大学出版社,2011:83.
[2] 璩鑫圭,唐良炎.中国近代教育史资料汇编·学制演变[M].上海:上海教育出版社,2007:6.

士,师命以后每夕读《古文观止》。[1]

上述记载说明,朱峙三和他的塾友们在上谕发布后近40天才得到确切的消息。消息尽管姗姗来迟,但是,行动却是非常迅速,就在获得确切消息后的第二天,"今日正课,师教予作论,出题曰:'中国易于富强论'"。[2]五天后,塾师再次在课堂上宣布以后不做八股文:

今日正课,师云以后俱做义论,不做八股文,讲求时务,须知吾国大势也。出题:"练兵论"。以后所作俱为整篇,非如八股分半篇、中股、完篇也。[3]

有关20世纪初清政府废止八股,以策论试士的改革举措对基层教育的影响,过去学界未能给予足够的注意。事实上,这种影响远比维新运动时期深入而

---

[1] 朱峙三.朱峙三日记(1893—1919)[M].胡香生,辑录.严昌洪,编.武汉:华中师范大学出版社,2011:90—91.
[2][3] 同上:91.

具体,它不仅使在私塾求学的数百万儿童挣脱了紧紧束缚他们灵性的枷锁,而且引发了私塾教学内容的变革。朱峙三在日记中给我们提供了大量的例证:

> 八股理法太密,纤巧百出,搭题无情,搭题尤为无用,真洎没人之性灵也。[1]
>
> 自改策论后,予作文如脱羁之马,笔势开展奔放,已不受八比文之种种法制束缚,思想所在,运笔自如。[2]

科举考试内容和形式的改变使朱峙三个人的学习兴趣和学习方法发生了很大变化,此后,朱峙三开始广泛阅读时务类书籍,大量吸收新的知识。就在获得废止八股,以策论试士的消息后七天,他即请父亲订购了一份《申报》,因为"该报论说系世界大势及中国应兴革之事"。[3] 他还四处借阅国

---

[1] 朱峙三.朱峙三日记(1893—1919)[M].胡香生,辑录.严昌洪,编.武汉:华中师范大学出版社,2011:94.
[2] 同上:73.
[3] 同上:91.

内外出版发行的各种报纸杂志:

> 下午由袁夏生借到郑赤帆所购时务新书,如《中国魂》《新民丛报》之类,精神为快,可以开文派又一格矣。[1]
>
> 予拜托袁夏生再借数种,如《政艺通报》之类,心思顿开。[2]

当然,塾师态度的改变关系更大,这种改变更多地体现在对学生作文的命题上,通过命题来引导学生的学习。朱峙三在日记中为我们留下了许多有趣的记载:

> 今日正课题:"中西互市,利源外溢,将何法整顿商务,挽回利权议"。[3]
> 今日正课题:"铁路一举,于中国大局有何关

---

[1][2] 朱峙三.朱峙三日记(1893—1919)[M].胡香生,辑录.严昌洪,编.武汉:华中师范大学出版社,2011:102.
[3] 同上:92.

碍,试确切论之"。[1]

今日作文:"神宗变法而国乱,日本变法以自强合论"。[2]

今日课题为"泰西何为君主之国,何为民主之国,何为君民共主之国,试举各国之所在"。[3]

……

内容是如此之庞杂,有中外贸易问题,有修筑铁路问题,更有中外古今变法成败的比较和世界各国政体的诠释,可以想象,私塾里的学童们仅凭背熟"四书五经"是无法完成这些策论题目的。而题目内容关注现实,涉猎广泛,从一个侧面说明,塾师们的知识结构也在迅速地发生变化。私塾教学活动的上述变化,说明中国传统教育最基层、最普遍的教学组织,在20世纪初正悄然进行着前所未有的自我转型。

---

[1] 朱峙三.朱峙三日记(1893—1919)[M].胡香生,辑录.严昌洪,编.武汉:华中师范大学出版社,2011:92.
[2] 同上:99.
[3] 同上:101.

对于传统封建教育的变革而言,无论是由维新志士们推动的19世纪末的维新变法,还是由清政府启动的20世纪初的新政改革,两种力量的方向是一致的。但是,这种力量的显现和发生作用则需要时间的积累和一定的客观条件。"百日维新"期间废除八股取士的谕旨没有在鄂城的私塾里激起微澜,而三年后同样内容的一纸诏令却让延续千年的私塾教学内容发生了改变。百年后的今天,阅读前人留下的日记,让人对历史的辩证法有了更深刻的体会。

二、考取秀才的喜与悲

1902年春节刚过,父亲便让朱峙三跟着他学医,不必再去私塾读书:

> 今日父亲向予云,今年不读书,须学医。予不甚愿。[1]

---

[1] 朱峙三.朱峙三日记(1893—1919)[M].胡香生,辑录.严昌洪,编.武汉:华中师范大学出版社,2011:96.

早,父亲命予在药王位前进香毕,检出《医方集解》《医学心悟》《王叔和脉诀》[交]予读阅。予烦乱,看亦不入也。[1]

父亲的心情是可以理解的,已经上了整整八年私塾,本来就拮据的家庭经济状况难以支撑下去,父亲希望他能子承父业,行医以补家用。而朱峙三却另有想法:

科举在清代为寒士求出路第一门径,以故无恒产者舍此不能救贫,至于作官则在第二步。[2]

更何况,八股试士的取消大大增强了他获取功名的自信心。经过与父亲三个多月的软磨硬抗,父亲最终同意他采取附读的办法:不必天天去塾读书,但每逢三、八需送文章请塾师批改,每季束脩二串

---

[1] 朱峙三.朱峙三日记(1893—1919)[M].胡香生,辑录.严昌洪,编.武汉:华中师范大学出版社,2011:97.
[2] 同上:104.

文。朱峙三继续在私塾附读,一直延续到1905年。

如前所述,20世纪初,清政府废止八股诗赋取士的诏令使私塾的学童们摆脱了八股文的桎梏,但科举取士制度依然存在。朱峙三和他的塾友们贪婪地吸收新知,大量阅读各种新出版的书报刊物,而所有这一切的原始动机却是为了获取各种新的信息,以便使"策论"做起来得心应手:

午后将郑宅借来之《新民丛报》《中国魂》二种,一一阅读之,习其文体,是为科举利器。今科各省中举卷,多仿此文体者。[1]

武汉又有贩各省闱墨到县来卖者,策论格式体裁如此。予初离八股,学论义,现知取法矣。[2]

把阅读《新民丛报》《中国魂》作为揣摩"策论"如何写作的"科举利器",对于早在维新运动时期就

---

[1] 朱峙三.朱峙三日记(1893—1919)[M].胡香生,辑录.严昌洪,编.武汉:华中师范大学出版社,2011:103.
[2] 同上:101.

大声疾呼废八股、改科举的启蒙思想家们来说,实在是具有极大的讽刺意味,但这确是20世纪初不少仍在科举路上蹒跚而行的青年学子们的共同心态。1902—1903年间的日记中留下了朱峙三购买阅读直隶、浙江、福建、江西、山东等省闱墨的大量记载,凡是他认为写得好的策论,便一篇一篇细心琢磨、背诵。一方面朱峙三用心备考,夜以继日,"此数日在家准备县考,温旧课艺,每至半夜方息"。[1]另一方面,不断有新的消息传来,"报载,派张之洞、荣庆,会同张百熙厘定学堂章程。观其意似欲废科举,办学堂"。[2]"省师范,道、府师范,三简易科,一年毕业。毕业后即派充小学教员,月可得三十元之薪水,必需秀才可考。"[3]这些消息强化了朱峙三参加科举考试,赶上末班车"早青一衿"的决心,因为取得一定的科举功名,便有望改变家庭的经济状况:

---

[1] 朱峙三.朱峙三日记(1893—1919)[M].胡香生,辑录.严昌洪,编.武汉:华中师范大学出版社,2011:108.
[2] 同上:117.
[3] 同上:120.

> 科举本非善政,然贫贱之士,小而言之,进学后开贺,可获贺礼者三百余串。中举则倍之矣。[1]

而且,各地学堂招生限定"必需秀才可考"。这些消息使朱峙三感到,即使科举废止了,个人要想发展,要进新式学堂,也必须有秀才的头衔。《日记》中的记载告诉我们:曾经对千百年来读书士子有过那么强烈的吸引力,为他们展示过无比辉煌前程的科举取士制度,在20世纪初一个县城士子的心目中,已经失去了昔日神圣的光环,此时的朱峙三之所以仍对科考有兴趣,仅仅是为了获得三百串贺礼和进入学堂读书的资格。

1903年,17岁的朱峙三第一次参加童子试,二月县试,五月府试,六月院试,结果名落孙山。考试落榜的结果让他立刻尝到世态的炎凉:

> 科举为误人之政策。已入学者为乡人敬重,未

---

[1] 朱峙三.朱峙三日记(1893—1919)[M].胡香生,辑录.严昌洪,编.武汉:华中师范大学出版社,2011:115.

入学者,乡人冷眼或非笑之。[1]

1904年再次参加科考,终于取得生员资格,成为一名秀才。获得确切消息的当天夜里,朱峙三辗转反侧、喜极而泣:

> 转钟三时醒后,思索枕上。偶忆予祖辈为辛苦农家,田少而住宅陋。……伤哉![2]

十二年的寒窗终于熬出了头!那么,秀才的头衔改变了他的家庭经济状况吗?答案是否定的。接踵而至的各种应酬花销不仅远远超过了他预期的"可获贺礼者三百余串",而且从此使家庭背上了新的债务:

> 今日结清一切欠账,尚差四十串文之数。盖用

---

[1] 朱峙三.朱峙三日记(1893—1919)[M].胡香生,辑录.严昌洪,编.武汉:华中师范大学出版社,2011:121.
[2] 同上:147.

款之处过多。予入学时,先借王亨甫姻丈一百两,辗转负利过重也。秋后无他出息,只落得好听之言而已。父亲医道所入亦尽贴用。[1]

"只落得好听之言而已",这是朱峙三总结自己取得秀才头衔后的真实感受。

其实,朱峙三考取秀才后的命运,折射出的是延续一千三百年之久的科举取士制度的命运,是绵延数千年的封建教育的命运。进入 20 世纪,"废科举、兴学堂"成为内忧外患胁迫之下清政府实行新政的重要内容。就在朱峙三获得秀才头衔的同一年,1904 年 1 月 13 日,清廷颁布了中国近代第一部得以施行的学制"癸卯学制";越一年,1905 年 9 月 2 日,清廷下令"著即自丙午科为始,所有乡、会试一律停止,各省岁科考试亦即停止"。[2] 在近代学制颁布的当年,在科举制度宣布废除的前一年,经

---

[1] 朱峙三.朱峙三日记(1893—1919)[M].胡香生,辑录.严昌洪,编.武汉:华中师范大学出版社,2011:153.
[2] 璩鑫圭,唐良炎.中国近代教育史资料汇编·学制演变[M].上海:上海教育出版社,2007:541.

过十数载苦读的朱峙三终于获得了秀才的头衔,赶上了"末班车",12年的私塾苦读博得了一件青衿。但是,这件青衿只为他赢得一些恭贺之词,经济上没有带来任何实惠。"今年入学佥称为幸事、喜事,予则视为受累不少之事也。"[1]在这种心境下,当清廷废止科举取士制度的消息传到鄂城的时候,这位年轻士子表现得异常平静:

> 前日报载有上谕,立即停止科举,……今日科举已成历史上陈迹矣。许多醉心科举之人,有痛哭者矣。[2]

完全是一副旁观者的态度!他不是"醉心科举之人",不会为科举制度的被废止一掬同情之泪,应试只是为了"救贫",为了获得进新式学堂读书的资格。第一项目标没有实现,他要争取实现

---

[1] 朱峙三.朱峙三日记(1893—1919)[M].胡香生,辑录.严昌洪,编.武汉:华中师范大学出版社,2011:153.
[2] 同上:169.

第二项目标。事实上,早在政府宣布废止科举之前,朱峙三就另有打算——"吾邑城内人一入学便自大,不读书。预料科举不久即废,欲求时务之学,自以住学堂为有出路。"[1]这些话出自刚刚获得秀才头衔的18岁的朱峙三之口,既体现了时代的变革,也是他亲身经历的感悟,这种感悟从一个侧面说明了20世纪初科举制度被废止的历史必然性。

三、学堂教育的新与旧

20世纪初,张之洞治下的湖北省垣武汉三镇,成为全国兴学的模范区域,两湖书院、经心书院、江汉书院、自强学堂、农务学堂、工艺学堂、武备学堂等星罗棋布;而毗邻武汉的鄂城,1904年冬季才筹办第一所新式教育机构——寒溪师范学堂(后改称江夏区师范学堂)。为了节省用度,朱峙三决定投

---

[1] 朱峙三.朱峙三日记(1893—1919)[M].胡香生,辑录.严昌洪,编.武汉:华中师范大学出版社,2011:154.

考本县的这所学堂。根据规定,取得秀才头衔是报考的必要条件,同时,考生年龄需满20岁。为了取得资格,朱峙三只得虚报年龄。全县一千多名考生,朱峙三以第二名成绩被录取,学堂开学时,"师范学生七十三人。鲁香斋年最长,年六十三。予年最少,年十九"。[1] 一年制的速成师范学堂由于开学延迟,实际上只读了7个月,虽然开设了算术、教育学、图画、体操等新课程,但更多的课程仍然是早已熟悉的传统中学内容。再加上师资水平参差,学生程度不齐,课程开设不全,对于朱峙三而言,半年多的新式学堂生活实在让他大失所望:

> 师范班期短,今夏又耽延多日。教习缺乏日本文,仅识得片假名、平假名而已。因阮堂长在东京所学仅半年,其空洞之教育学实无用也。日本文化贩自欧美,中国则转而贩买之,所得几何耶?[2]

---

[1] 朱峙三.朱峙三日记(1893—1919)[M].胡香生,辑录.严昌洪,编.武汉:华中师范大学出版社,2011:165.
[2] 同上:171.

1905年底,朱峙三以最优等第一名的成绩毕业。速成师范学堂毕业,取得了做小学正教员的资格,1906年初,朱峙三开始了他人生中的第一次执教。他以极大的热情投入这份工作,除负责学堂的日常管理之外,还担任文学、地理等课程的教学工作,忙碌异常。让他感到欣慰的是,"诸生读书均有进步,较胜于私塾读旧书也","予与何先生殷勤教授。诸生进益者多"。[1]但是,毕竟只接受过一年的新式教育,他在教学中深感知识的不足:

予在县师范毕业第一名,然所学甚少,盖教予者均出洋短期学生,彼所得亦无几也。非求高深学问,以后难于立足新时代矣。

科举停止以后,举贡生员已定考职出路。朝廷变法图强,逆料将来读书人,除求高深学问无上进。[2]

教学实践的体会,使朱峙三进一步认识到必须

---

[1][2] 朱峙三.朱峙三日记(1893—1919)[M].胡香生,辑录.严昌洪,编.武汉:华中师范大学出版社,2011:180.

继续接受新式教育,求得高深学问,才能在"新时代"立足。另外,改变日渐窘迫的家庭经济状况始终是他继续求学的一大动力,考取秀才以来,家中已负债二百余串,仅靠做小学教员的收入几乎无望还清。"求高深学问"的追求与"还清家庭债务"的压力,使朱峙三决定辞去教职。1906年7月,他考取两湖地区的最高学府——两湖总师范学堂。

两湖总师范学堂的前身是创办于1890年的两湖书院。"癸卯学制"颁布后,1904年7月,为了适应大规模兴学的师资需求,张之洞将之扩建为两湖总师范学堂:

> 查旧日之两湖书院,规模宏壮,修改较易,应即将原设两湖高等学堂改作两湖师范学堂,以能容师范生一千人为度。其间暂行分别优级师范、初级师范两等。[1]

---

[1] 张之洞.札学务处改修两湖师范学堂[M]//璩鑫圭,童富勇,张守智,编.中国近代教育史资料汇编·实业教育 师范教育.上海:上海教育出版社,2007:707.

两湖总师范学堂"以能容师范生一千人为度",其设计规模在国内是空前的。据1911年的统计,学堂有教职员60名,其中进士出身者2人,举人出身者12人,贡生、监生、增生、附生出身者37人,日本教员3人,6名没有科举功名者多为"监学"或"医员"等管理人员。[1] 这样的师资队伍在国内各新式学堂中也是很强的阵容。

1906年10月,学校开学,首届招生480人,朱峙三以第二名成绩被录取。那么,在这所两湖地区的最高学府,六年的学堂生活,对朱峙三来说意味着什么?他的"求得高深学问"和"还清家庭债务"的预期目标能够实现吗?

两湖总师范学堂首任监督由湖北按察使梁鼎芬兼任,长期主持学堂事务的是继任监督刘鸿烈。据朱峙三回忆,时任湖广总督的张之洞亲自参加了学堂开学典礼,并讲话要求学生:

---

[1] 两湖总师范学堂调查总表(节录)[M]//璩鑫圭,童富勇,张守智,编.中国近代教育史资料汇编·实业教育 师范教育.上海:上海教育出版社,2007:712—717.

尔等都是好青年,国家选拔尔等加以培养成为有用之人材。我朝廷深恩厚泽,对尔等读书费用一切均出以公费;尔等要体谅朝廷培育人材之旨意,到堂后好好研习经史及各种科学,力图自强以保国家富强。千万不可相信海外(指日本)传来的邪说(指康梁学说及孙中山革命学说),忘本朝厚恩云云。[1]

两湖总师范学堂开设的课程中,必修科有修身、教育学、讲经读经、文学、历史、地理、算学、物理、化学、博物、图画、习字、体操,计13门;随意科(即选修课——引者)有音乐、手工、英文,计3门。[2] 每周36节课,修身课每周1点钟,教育学5点钟,讲经读经7点钟,算学4点钟,文学、历史、地理、物理、化学、博物、图画、体操各2点钟,习字1点钟。其中,课时最多的是讲经读经课,占周总学时数的五分之

---

[1] 朱峙三.张之洞与两湖总师范学堂[M]//文史资料选辑(第99期).北京:文史资料出版社,1984:106—107.
[2] 两湖总师范学堂调查总表(节录)[M]//璩鑫圭,童富勇,张守智,编.中国近代教育史资料汇编·实业教育 师范教育.上海:上海教育出版社,2007:708.

一。对于朱峙三和大多数取得秀才资格的学生而言,算学、物理、化学、博物、地理以及教育学、体操、图画、音乐等课程都是所谓"新学"。从日记中可以看出,朱峙三对于此类课程有的兴趣很高:

> 下午第一、二堂物理学,……教习三泽力太郎,日本博士也,……因余为初听物理学之人,甚快意,笔记特详。[1]
>
> 予前住速成师范,无理化二科,今日初看试验,颇感兴味。[2]
>
> 余喜音乐课,余时觅风琴练习之。[3]

有的颇为吃力:

> 今日上课,堂中授三角。去冬几何已教完,小代

---

[1] 朱峙三.朱峙三日记(1893—1919)[M].胡香生,辑录.严昌洪,编.武汉:华中师范大学出版社,2011:193.
[2] 同上:195.
[3] 同上:221.

数亦快教毕,以后或可教大代数。予每以算学为苦。[1]

而教育学、体操等课程却让学生们大倒胃口,一位从日本学了8个月速成回国的教员金华祝讲教育学,"上堂完全吹牛,拿日本琐碎之事掺入讲词,以欺学生。其实学生中,每堂均有出洋留学之人也"。[2] 另一位教育学教员吴贤卿"讲不动人。看讲义人人能懂,何用讲为"。最有趣的是体操课,"体操已教兵制变牌等等,擦枪则余等不愿为,堂中已雇二兵士代为之矣"。[3]

在兵式体操课上,学生们不愿擦枪,学堂专门雇了两名士兵来做此事。在学业方面,朱峙三收获最大的是图画课,多年后他回忆说:

今年(指1908年——引者)与沈雪庐师过从甚密,予学画得有进步者,皆师指导之力也。二十以

---

[1][3] 朱峙三.朱峙三日记(1893—1919)[M].胡香生,辑录.严昌洪,编.武汉:华中师范大学出版社,2011:279.
[2] 同上:228.

前作画不知笔法、水法、皴法,迨亲见师作画,则三法俱得之。沈师爱予甚,谓能传其衣钵。[1]

对于上述新学课程,无论个人好恶,作为学堂的一门功课,朱峙三都十分用功,而且取得很好的成绩。这些课程的学习进一步改变着他的知识结构,改变着他对社会和世界的认知。学堂里的修身、讲经读经、文学、历史等课程,虽然作为一门学科是根据不久前颁布的"癸卯学制"的规定新设置的,但其内容对大多数取得秀才头衔的"朱峙三"而言,了无新意。修身课的教材是陈宏谋的《五种遗规》,讲经读经课的教材是《钦定春秋传说汇纂》,文学课的教材是《古文渊鉴》。最让朱峙三头痛的是讲经读经课,而这门课是每周7点钟。在1911年3月6日的日记里,朱写道:

今日上课,经学仍讲《周礼》,真无味之书。且

---

[1] 朱峙三.朱峙三日记(1893—1919)[M].胡香生,辑录.严昌洪,编.武汉:华中师范大学出版社,2011:223.

时势变迁,如此世界大势,办学堂者无不知之,此真王莽复井田也。[1]

两天后又在日记中大发牢骚:

连日照单上课,兴趣极少。经学是予最厌恶者。[2]

写下这些日记的时候,朱峙三已在两江总师范学堂读了五年多,讲经读经课仍未结束。平心而论,朱峙三厌恶讲经读经课程,固然是由于这些课程的内容早已在读私塾时就熟悉,提供不了任何新的知识和信息,更重要的原因恐怕在于,在这所两湖地区最高学府,朱峙三的思想、观念正在发生着变化。对讲经读经课程的厌恶,表面上看是对一门传统学科的疏离与不满,从更深的层次看,则是对这门学科所维护的社会秩序和价值系统的怀疑与

---

[1] 朱峙三.朱峙三日记(1893—1919)[M].胡香生,辑录.严昌洪,编.武汉:华中师范大学出版社,2011:278.
[2] 同上:279.

批判。其思想、观念发生变化,既得益于新知识的吸纳与熏陶,更得益于远比私塾广阔的学堂空间和学生群体的影响与感染。《日记》里留下了大量作者与同学私下传阅各种书报杂志的记载和同学间关于"时势变迁""世界大势"的交流、讨论,记录下他从一名传统士子向现代知识分子蜕变的思想轨迹。值得一提的是,朱峙三读书期间参观"南洋劝业会",给他留下了毕生难忘的印象。1910年7月,作为两湖总师范学堂的四年级学生,由于成绩优秀,朱峙三获得了参观"南洋劝业会"的机会。"南洋劝业会"是经清政府批准,由政府和民间共同举办的一次规模空前的全国性工商业展览会,展会"以振兴实业,开通民智"为宗旨,1910年6月5日在南京隆重开幕,11月29日闭幕。全国22行省和南洋华侨均有各自的会场,展品近百万件。会议期间大约有30万海内外客商、观众参观,一时间成为举国轰动的一件大事。"南洋劝业会"的成功举办,对中国近代工商业的发展起到了积极作用,更使当时追求现代文明的中国人大开眼界。时任绍兴府

中学堂学监兼博物教员的周树人(鲁迅)就曾率200多名师生赴会观摩。对于家境贫寒的朱峙三而言,这是一次非常难得的机会:

> 每人一切川资伙食归公家统办,另各给三十元零用云云。予闻之甚喜,以此次全国第一次盛大之博览会为破天荒之事,有机会到南京游历,广见闻矣。[1]

在7月16日至7月31日的半个月时间里,朱峙三白天冒着酷暑去各馆参观,晚上回到旅馆记下感受。《日记》中到处可见这样的记载:

> 此真集吾国文艺、出产、珍奇怪物之大观也。
>
> 此真吾国绝技。有西洋人男女在馆阅后赞叹不置。

---

[1] 朱峙三.朱峙三日记(1893—1919)[M].胡香生,辑录.严昌洪,编.武汉:华中师范大学出版社,2011:259.

生于此时,得见吾国首次博览会,宁非幸福耶![1]

前后近二十天的参观考察让朱峙三眼界大开,知识大增。多年后他回忆及此,仍感慨不已:

集二十二省之著名产品特色,实为有生以来所见规模扩大之博览会也。[2]

六年的学堂生活在辛亥首义的枪炮声中结束。事实上,朱峙三在两湖总师范学堂读书期间,武汉三镇暗潮涌动、风云激荡,在新式学堂读书的青年学子中,思想激进、倾向革命的大有人在。从日记中可以看出,与朱峙三同堂的不少同学参加了辛亥首义,而朱却因诸多原因,始终是一名对革命充满同情却又未能投身这一运动的旁观者。直至1912年2月,中华民国南京临时政府成立之后的一个多

---

[1] 朱峙三.朱峙三日记(1893—1919)[M].胡香生,辑录.严昌洪,编.武汉:华中师范大学出版社,2011:263,270.
[2] 同上:256.

月,他才剪去了辫子:

今日下午,予剪去发辫。大姊为予做西式便帽一顶,准备往省。[1]

经过同学引荐与多方奔走,朱峙三谋得湖北省红安县书记官一职,"薪水之半总在一百串文以上,……且可补知事缺"。[2]六年的学堂苦读总算有了结果,不仅薪水相当可观,而且有望"补知事缺"。如前所述,朱峙三读私塾,参加科举考试以及两进师范学堂的原因是"舍此不能救贫,至于做官则在第二步"。现在,不仅"救贫"就在眼前,而且原来并无奢望的"做官"似乎也伸手可及。赴任前,朱峙三特意去塾师家话别:

下午一时至程师家,……师母闻予近状甚喜,谓

---

[1] 朱峙三.朱峙三日记(1893—1919)[M].胡香生,辑录.严昌洪,编.武汉:华中师范大学出版社,2011:310.
[2] 同上:313.

汝父从前恨张之洞，今日必感激张公培材，汝得有今日做官位置矣。可贺！可贺！余一笑而已。[1]

朱峙三"一笑而已"，在日记中并没有告诉我们他自己的内心感受，而"师母"的一席话，却道出了19世纪末20世纪初废科举、兴学堂的种种矛盾复杂面相。

四、余论

在维新运动的改革浪潮中入塾读书，在辛亥革命的隆隆炮声中走出学堂，朱峙三的求学经历与清末"废科举，兴学堂"的教育大变革相始终。作为一个民间医生的子弟，朱峙三的先后就读私塾和考取学堂都没有什么远大抱负和理想，即使在考入两湖地区最高学府之后，他的追求似乎也没有发生根本性的变化，通过读书改变自己和家庭的经济状况始

---

[1] 朱峙三.朱峙三日记(1893—1919)[M].胡香生，辑录.严昌洪，编.武汉：华中师范大学出版社，2011：316.

终是他的第一目标,其次才是"做官"光耀门庭。可以说,他既不是站在时代前列,搏风击浪的弄潮儿、革命者,也不是抱残守缺,甘心做八股取士制度的殉葬者、牺牲品,他只是那个时代一名普通的读书人,一名正直的知识分子。因此,从一定意义上讲,朱峙三对19世纪末20世纪初私塾生活悄然变化的亲身经历,对废科举后科举制度在世人心目中地位沉沦的切身感受,对近代学校制度建立之初新旧杂糅、中西并陈现状的独特体验,都具有广泛的代表性。19世纪末20世纪初在中国发生的教育大变革,深深地牵动着每个读书人的切身利益,对绝大多数普通读书人而言,对待这场变革的态度归根到底是由个人的利害得失所制约的。这段历史留给后人回味的,既有先知先觉者的呐喊和壮烈行动,也有王朝没落前的种种自救举措,更有千百万士子的心态变化和社会风尚的转移变迁,对于后者,我们的研究和认识还远远不够。

横看成岭侧成峰：乡村士子心中的清末教育变革图景
——以《退想斋日记》和《朱峙三日记》为中心的考察[*]

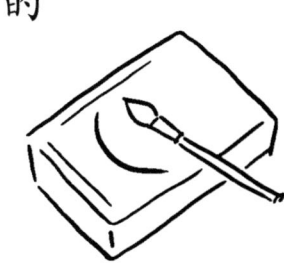

[*] 此文系与陈胜合作。

以"废科举,兴学校"为中心的清末教育改革严重冲击了那些生活在旧教育体制之下的士子的生活。不同的士子对这场变革有着不同的体验:一些士子认为这是一条富民强国的正确之路,从而以积极的态度投入其中;另外一些士子则认为,教育改革搅乱了乡村社会思想和价值观,破坏了乡村社会秩序,他们情绪低落,牢骚满腹,对新式教育极力攻击。士子们不同的体验和表现与他们生活的区域等客观环境有关,更与他们的个人经历、心态密切相关。从某种意义上可以说,他们的教育体验是他们主观构建的结果。这种建构与乡村士子的个性、知识结构、对挫折的忍耐力等因素密切相关。教育大变革中士子心态的变化及其影响,不仅为中国教育早期现代化研究提供了有益的视角,而且也应当成为中国教育早期现代化研究的一个重要组成部分。

吉尔伯特·罗兹曼(Gilbert Rozman)在评价中国1905年科举废除一事时说,这是一件与"1861年沙俄废奴和1868年明治维新后不久的废藩"相当的大事,它"代表着中国已与过去一刀两断",对中国历史有着深远的影响。[1]可以想见,包括科举废除在内的清末教育变革必然会对生活在那个时代且与传统教育有着千丝万缕联系的乡村士子的心理带来严重冲击。那么,这些士子是如何认识、评价这场变革的呢?他们对这场变革的体验受哪些因素影响?这对他们现实的教育活动又会发生什么作用?以往的教育史研究很少关注此类问题。这在很大程度上是因为人们真实思想和感情的流露往往受主、客观条件的制约而无法见之于公开的文字。对于那些长期生活在乡村,很少有机会发出自己声音的中下层士子而言,更是如此。

幸运的是,近年来一些乡村士子日记的问世解决了这一难题。这些日记尽管可能无法提供很多

---

[1] 吉尔伯特·罗兹曼.中国的现代化[M].南京:江苏人民出版社,1988:634—635.

"史实",但是,正如章开沅先生所说:

> 它(们)的史料价值在于比较具体地叙述了历次重大事件在民间的反应,保存了不少普通老百姓当年的原始议论,这些倒是在一般官方文献和显赫人物回忆录中所难以见到的。[1]

解读这些日记,将其中的记载与有关史料文献进行对比互证,有助于我们全面了解和把握一个世纪前那场大变革中知识分子的复杂心态,从而加深对历史全貌的认识。下面试图通过对《退想斋日记》和《朱峙三日记》这两本近代乡村士子日记的解读和对比,考察乡村士子在清末民初教育变革中的心态及对教育的影响,进一步拓展和深化中国教育早期现代化的研究。

---

[1] 章开沅.关于《朱峙三日记》的说明[M]//中南地区辛亥革命史研究会,武昌辛亥革命研究中心.辛亥革命史丛刊(第10辑).武汉:湖北人民出版社,2001:224.

一、刘大鹏:科举废除"心若死灰"

《退想斋日记》是近年来颇受关注的一本清末民初士人日记。它的作者刘大鹏(1857—1942),山西太原人。1878年,刘考取秀才,1894年中举后四次参加会试,均不售。除因参加会试到过北京和河南外,刘大鹏一生绝大部分时间都生活在相对富庶却又封闭的晋中农村,这也使他的思想略显保守。

与同时代的大多数士子一样,刘大鹏自幼从师读"四书五经",接受传统教育。从他的日记里可以看出,1905年科举废除之前,准备应试和参加科举考试几乎是他生活的全部内容。科举考试承载着他的理想与抱负,他时时梦想着通过科举考试出人头地、光宗耀祖。他批评那些只知谋生的读书人说:

> 读书之士不能奋志青云,身登仕版,到后来入于教学一途,而以多得几脩金为事,此亦可谓龌龊

之极矣。[1]

在他看来,读书人只有应试博取功名,才不枉读书一场。科举考试的任何消息都牵动着他的神经。1896年5月,刘大鹏生活的地区出现这样一则传言:

> 近有废学校,裁科考之谣,不知是否真切。人心摇动,率皆惶惶。凡为士者竟有欲废读书而就他业之人。盖士子习业已久,一旦置旧法而立新功令,自有不知适从之势,谣之起真耶假耶,不得而知也,真令人二、三其心。[2]

尽管事后证明这只是一条子虚乌有的传言,但这类信息已经足以使刘大鹏这样的旧式士子感到手足无措、惶恐不安。

---

[1] 刘大鹏.退想斋日记[M].乔志强,标注.太原:山西人民出版社,1990:71.
[2] 同上:57.

然而,科举制度还是在 1905 年 9 月被废除了。在得知这一消息后,刘大鹏的情绪低落到了极点。他在日记中写道:

甫晓起来心若死灰,看得眼前一切,均属空虚,无一可以垂之永久。[1]

昨日在县,同人皆言科考一废,吾辈生路已绝,欲图他业以谋生,则又无业可托,将如之何?[2]

痛苦之情,溢于言表。在此后的很长时间内,刘大鹏都无法从科举废除的阴影下走出来,一直郁郁寡欢,感到生活空虚无味,甚至在科举废除将近十年后的 1914 年,他依然对此耿耿于怀:

予之幼时,即有万里封侯之志,既冠,而读兵书,及至中年被困场屋,屡战屡踬。……光绪季年

---

[1] 刘大鹏.退想斋日记[M].乔志强,标注.太原:山西人民出版社,1990:146.
[2] 同上:147.

国家变法维新,吾道将就渐灭,……困厄于乡已数年矣,年垂六十,遭逢世乱,无由恢复中原,不才孰甚焉,俨具七尺之躯,毫无补于时艰,不亦虚生矣,予惭仄曷极。[1]

可以看出,他认为自己的失意、困厄和一无所成就都是科举废除所致。

这种心情自然影响到刘大鹏对新教育的看法。虽然刘大鹏对新教育素无好感,但在1904年初,他还是与地方其他绅士一起参与了该乡某一小学章程的起草和筹划。[2]然而,在科举废除后,刘大鹏对新教育由不满和不屑变成激烈批评和攻击。他批评大多数新式学堂只是徒有其表,无法真正担负起为近代中国培养人才的重任:

现在变法,改书院为学堂,而学堂规模只是

---

[1] 刘大鹏.退想斋日记[M].乔志强,标注.太原:山西人民出版社,1990:198.
[2] 同上:132.

敷衍门面,务悦庸俗之耳目,并不求实,凡设立学堂,铺张华丽,经费甚巨,意在作育人才而人才终不可得。[1]

刘大鹏认为,这类学校只知道以西方近代自然科学和社会科学知识教育学生,不重视传统思想和价值观的灌输,结果造成学生品质低劣,学校教学质量严重下降。他写道:

今之为师者,以算学教人,以洋人之学为训,其得善人能多焉?

他的回答是否定的:

否耶!洋人之学专讲利,与吾学大背,趋之若鹜,不知其非,亦良可慨也已。[2]

---

[1] 刘大鹏.退想斋日记[M].乔志强,标注.太原:山西人民出版社,1990:140.
[2] 同上:144.

他认为更为严重的是,由于缺少圣贤之道的引导,没有传统礼教的束缚,新式学校中各种思潮泛滥,自由、平等、革命等"异端邪说"竞相兴起,导致人心不正,社会秩序混乱:

> 学堂之害,良非浅显。……凡入学堂肄业者,莫不染乖戾之习气。动辄言平等自由,父子之亲,师长之尊,均置不问。[1]

总之,在他看来,新教育只会搅乱社会思想,破坏乡村社会伦理道德,加重乡民的负担,激化乡村社会矛盾,造成乡村社会动荡不安。它不仅于社会无益,反而会败坏人才,破坏乡村社会秩序。在20世纪初新教育向广大乡村推进的过程中,由于种种原因,确实存在着很多问题,但像刘大鹏这样把新教育看得一无是处,从根本上予以否定,显然不符合当时新学发展的实际情况。应当说,刘大鹏看到

---

[1] 刘大鹏.退想斋日记[M].乔志强,标注.太原:山西人民出版社,1990:162—163.

的新教育有很大一部分是其消极、悲观心理投射的结果。

这种心态对刘大鹏的教育活动产生了重要影响。1897年,有人劝刘大鹏教弟子学习洋务,他也意识到"是今日所重者莫洋务若也",[1]但他显然没有接受这种提议。此后几年,刘大鹏日记中多次提及社会风气的这种转变:

> 国家取士以通洋务、西学者为超特之科,而孔孟之学不闻郑重焉。凡有通洋务、晓西学之人,即破格擢用,天下之士莫不舍孔孟,而向洋学。士风日下,伊于胡底耶?[2]

> 自国家变法以来,校士皆以策论考试,所最重者外洋之法,凡能外洋各国语言文字者,即命为学堂教习,束脩极厚,故当时人士俱舍孔孟之学而学西人之学,以求速效。[3]

---

[1] 刘大鹏.退想斋日记[M].乔志强,标注.太原:山西人民出版社,1990:74.
[2] 同上:102.
[3] 同上:126.

遗憾的是,尽管已经意识到社会风气和教育上的这些变化,刘大鹏却没有接受这些建议,主动对个人的发展方向和心理进行调整,从而错失了跟上时代前进步伐的时机。面对清末十年间教育上发生的种种巨变,他只是在日记中一次又一次地对这种变革进行谩骂和攻击,徒劳地发泄自己的不满。

二、朱峙三:"今日科举已成历史上陈迹矣"

相比较而言,同为乡村士子的朱峙三的心态要积极得多。朱峙三是湖北鄂州人,生于1886年,比刘大鹏小了29岁。1904年考中秀才,1905年考入一年制江夏区师范。在经历近一年的小学教师生涯后,1906年秋,朱峙三又考取两湖总师范学堂,直至1911年10月毕业。入民国后,朱峙三长期活跃于政界与教育界。

1893年,朱峙三入私塾接受启蒙教育。私塾的学习生活繁重而枯燥。特别让朱峙三头疼的是,在科举考试中至关重要却又空疏无用、烦琐细密的

八股文。他在日记中说:

> 试帖有进步,唯于制艺难,仅至半篇,而犹难清楚,每以三八正课(作八股文日期——引者)为极苦之日。[1]
>
> 八比能中股,试帖成六韵,尚不得径窍,恨其枯燥无味也。[2]

他批评八股文"理法太密,纤巧百出,搭题无情,搭题尤为无用,真泊没人之性灵也"。[3]

1901年清政府宣布废除科举考试中的八股文内容,使朱峙三感到无比轻松。他以十分愉悦的心情写道:

> 自改策论后,予作文如脱羁之马,笔势开展奔

---

[1] 朱峙三.朱峙三日记[M]//中南地区辛亥革命史研究会,武昌辛亥革命研究中心.辛亥革命史丛刊(第10辑).武汉:湖北人民出版社,1999:282.
[2] 同上:288.
[3] 同上:328.

放,已不受八股文之种种法制束缚。思想所在,运笔自如。[1]

科举考试内容和形式的变化使朱峙三的学习内容和学习方法发生了变化。此后,朱峙三开始广泛阅读时务类书籍。他自己不仅订阅《申报》,还四处借阅国内外出版、发行的各种报纸杂志:

下午由袁夏生借到郑赤帆所购时务新书,如《中国魂》《新民丛报》之类,精神为快,可以开文派又一格矣。[2]

闻郑赤帆购新书多,自己不看,作为装潢之品而已。予拜托袁夏生再借数种,如《政艺通报》之类,心思顿开。[3]

朱氏阅读这些新书的直接目的固然是为了应

---

[1] 朱峙三.朱峙三日记[M]//中南地区辛亥革命史研究会,武昌辛亥革命研究中心.辛亥革命史丛刊(第10辑).武汉:湖北人民出版社,1999:306.
[2][3] 同上:336.

付科举考试,然而在客观上不能不受这些新书内容的影响。随着阅读面的扩大,朱峙三的思想发生重要转变。特别是那些在日本发行的各种刊物,对他影响很大。他后来回忆道:

是年冬初,得借同邑郑赤帆所购日本印行之各杂志、各禁书,如《扬州十日记》《张苍水集》等书,始瞭然于满汉种族界限。康乾朝文字诸狱,杀僇之惨,前史所无,慨然有排满革命之念。[1]

由于个性等方面的原因,朱峙三最终没有成为一名坚定的革命者,但思想上仍发生明显变化,这也使他与那些自诩是"传统秩序的守护人"的旧绅士有了质的区别,成为一名具有反清革命倾向的新知识分子。

在脱离八股文束缚后不久,朱峙三意识到科举

---

[1] 朱峙三.朱峙三日记[M]//中南地区辛亥革命研究会,武昌辛亥革命研究中心.辛亥革命史丛刊(第10辑).武汉:湖北人民出版社,1999:285.

废除已是指日可待:

> 朝廷迭有诏令废八股,大约不久当实行兴学堂。[1]
>
> 今日借得报纸,见有袁世凯、张之洞二督奏请速减科举办法,重新学堂也。[2]
>
> 报载,派张之洞、荣庆,会同张百熙釐定学堂章程。观其意欲废科举、办学堂。[3]

他逐渐认识到,非求高深学问,以后难于立足新时代。朱氏并没有说明这种高深学问具体指的是什么,但毫无疑问的是,这种高深知识决非传统教育所能传授,要掌握这种知识,必须入新式学堂学习:

---

[1] 朱峙三.朱峙三日记[M]//中南地区辛亥革命史研究会,武昌辛亥革命研究中心.辛亥革命史丛刊(第10辑).武汉:湖北人民出版社,1999:331.
[2] 同上:288.
[3] 朱峙三.朱峙三日记[M]//中南地区辛亥革命史研究会,武昌辛亥革命研究中心.辛亥革命史丛刊(第11辑).武汉:湖北人民出版社,2002:299.

吾邑城内人一入学便自大,不读书。预料科举不久即废,欲求时务之学,自以住学堂为有出路。[1]

为了能够到新设立的县师范学堂学习,他不惜虚报年龄。在被师范学堂录取后,由于地方上的教育纷争,新学堂迟迟未能开学,朱峙三非常焦急,多次到学校打探开学日期,殷切向学之心由此可见:

寒溪学堂已成功,何以尚不开学?八乡师范生及小学生均欲急于求学,苦于无处得开新知识也。……连日郊行,盼寒溪开学。[2]

然而,清末新式学校的实际与想象有很大差距。新学校中虽然也开设了算术、教育学、图画、体操等课程,但不少学校实际上却是新瓶装旧酒,仍是中学为主,无法满足朱峙三旺盛的求知欲。他深悔当日

---

[1] 朱峙三.朱峙三日记[M]//中南地区辛亥革命史研究会,武昌辛亥革命研究中心.辛亥革命史丛刊(第11辑).武汉:湖北人民出版社,2002:399.
[2] 同上:347.

未能听从友人的劝说,"以致在县求学,所得几何?坐井观天,宁非恨事"。[1] 他对自己未能及时得知报考消息而错过进入省城学堂读书的机会感到闷闷不乐,"前者文普通考试,予未知之,深以为恨"。[2] 值得一提的是,这种心态在当时的士子中间非常普遍。每当科举考试举行之时,新式学堂学生固然成群结队去参加科举考试,但那些身处科举场中的士子对新式教育也是"心甚向往"。这从当时一些新式学堂招生的情况中可知。如在湖北武汉:

> 要考学堂须在省长住乃得悉,然每日非到水陆街学务公所打听不可。盖每一学堂招考,挂牌一二天即收去,马上就考了。虽在省住候者,闻讯稍迟而不及试者,又非学务公所有人照挂,先递名条上去,仍不得取云。[3]

---

[1] 朱峙三.朱峙三日记[M]//中南地区辛亥革命史研究会,武昌辛亥革命研究中心.辛亥革命史丛刊(第11辑).武汉:湖北人民出版社,2002:353.
[2] 同上:366.
[3] 同上:309.

朱峙三不禁感叹道:"科举不易进学,考学堂亦难之又难矣。"[1]

正是有了这种心理准备,当清政府下诏宣布正式废除科举时,朱峙三表现得非常平静。他仅以旁观者的身份记下了身边一些士子的反应:

> 前日报载有上谕,立即停止科举,各省学政改为专考察学堂事宜,今日科举已成历史上陈迹矣。许多醉心科举之人,有痛哭者矣。[2]

很显然,朱峙三并不认为自己是"醉心科举之人"。在他看来,科举考试已成为"历史上陈迹",已无法担负拯救民族危亡的重任,理应退出历史的舞台,这与刘大鹏之类士子废科举时痛不欲生的情形形成了鲜明对比。

1906年初,朱峙三从师范学堂毕业后,开始了

---

[1] 朱峙三.朱峙三日记[M]//中南地区辛亥革命研究会,武昌辛亥革命研究中心.辛亥革命史丛刊(第11辑).武汉:湖北人民出版社,2002:309.
[2] 同上:355.

人生中第一次执教生涯。与刘大鹏不同,他看到的是人们对新式学校的认同与期待:

> 县市教书先生今春学生甚少,盖各生家庭均观望城内新开之三堂小学也,纷纷问讯。[1]

他以极大的热情投入到新式小学的筹办与教学当中,对自己在新学堂中的工作非常满意,认为学堂"诸生读书均有进步,较胜于私塾读旧书也"。[2] 这些成就让他颇为自豪,后来他回顾这一段历史时说,这半年是"予办小学极尽力时期,自信无负天职者也"。[3] 此后他又考入位于武汉的两湖总师范学堂,继续自己的学习生涯。

经过新教育的洗礼,朱峙三在价值观、知识结构、政治倾向等方面都与旧式士子有了明显的区

---

[1] 朱峙三.朱峙三日记[M]//中南地区辛亥革命史研究会,武昌辛亥革命研究中心.辛亥革命史丛刊(第11辑).武汉:湖北人民出版社,2002:361—362.
[2] 同上:366.
[3] 同上:360.

别。如桑兵所言:

> 他们受教育的形式是新式学堂,而不是私塾书院,所学内容包括有或主要是西方近代社会科学和自然科学知识……他们虽然受过旧学教育,但在西学的冲击下,没有旧士人观念上的迂腐和政治上的保守……他们大都不是依附旧的阶级,而是追随进步势力的旗帜,政治上要求变革专制制度,经济上要求发展工商业,使国家走上近代化的轨道,实现独立、民主、富强的理想。[1]

从某种意义上说,正是由于清末教育变革,才使得朱峙三这类士子从旧式士子中分化出来,成为一名新型的知识分子。

三、阅历、利益与心态

同是乡村士子的刘大鹏和朱峙三,他们对清末

---
[1] 桑兵.晚清学堂学生与社会变迁[M].桂林:广西师范大学出版社,2007:65.

教育大变革的体验为何会有如此之大的差异？"我们的社会选择并不仅仅取决于客观情境，还取决于我们如何对其进行主观建构。"[1]也就是说，个体的认知和行为选择除了受他的生理及其所处的客观环境因素影响以外，还与其原有的知识结构、认识特征、态度倾向等密切相关。当个体在构建某一事物的印象时，总是有意或无意地过滤掉那些与自己意识中不一致甚至冲突的信息，强化与自己认识一致的观点，从而形成自己独特的认知。从某种意义上说，刘大鹏和朱峙三体验到的清末民初教育变革是他们主观建构的结果。兹举一例说明。刘大鹏在日记中多次强调"民间最恶学堂"，乡民强烈抵制新式学堂：

> 学堂之害，良非浅显，自学堂设立以来，……为父兄者知其悖谬，不愿子弟入学堂，遂使子弟学商贾。[2]

---

[1] 戴维·迈尔斯.社会心理学[M].北京：人民邮电出版社，2006：2.
[2] 刘大鹏.退想斋日记[M].乔志强，标注.太原：山西人民出版社，1990：162—163.

照这种说法,新式教育应该无人问津才对。但在从事新式教育以后,他却说自己的工作异常繁忙,甚至连多年未曾间断的《晋祠志》的写作工作也无暇顾及:

> 今岁予充晋祠蒙养小学校教员,无暇远游,亦无暇编辑各书,以学生人数众多,功课之繁,有教授不及之势。[1]

这从一个侧面说明刘大鹏对乡村新式教育的判断更多是依据自己的主观感受,带有强烈的个人色彩,并不能完全反映清末乡村教育发展的实际情况。

刘大鹏是一个思想较为保守的士人,长期的儒学浸润之下,儒家思想及其价值观早已渗入到他的血脉之中,无形中支配着他的思想和行为,成为他衡量和判断是非曲直最重要的依据。在日记中,刘

---

[1] 刘大鹏.退想斋日记[M].乔志强,标注.太原:山西人民出版社,1990:183.

大鹏反复强调儒家伦理教化的神圣性:

> 天地之间只有一个伦理,伦理者,维持天下万世之大纲也。所以圣贤教人,首重明伦。盖伦理明则天下治,否则天下乱。[1]

这个伦理即是儒家圣贤提倡的三纲五常一类道德规范。在他看来,儒家思想和价值观是不证自明的真理。因此,在清末教育变革之前,刘大鹏已经形成一种心理定势:儒家思想及其价值观是至高无上的真理,凡是与儒家思想不一致的都是异端邪说,都应当加以拒斥。清末教育变革尽管从表面上看并不对儒家思想构成威胁,但正如张之洞所言,科举考试对于从事儒学的人来说是一条"利禄之途",废除了科举考试,也就切断了儒学和权力之间的内在联系,儒学必然会陷入无人问津的困境。而且,传统教育体制是建立在科举考试的基础之

---

[1] 刘大鹏.退想斋日记[M].乔志强,标注.太原:山西人民出版社,1990:2.

上,科举考试以儒家思想为内容,传统教育体制实际上就是儒家思想的传播体系,因此以废除科举、建立现代学校制度为中心的教育改革必然会导致原有的儒家传播体系崩溃。[1] 这些都是刘大鹏无法容忍却又无能为力的。因此,他只有在日记中不断哀叹旧礼教的衰落,对清末教育变革大加鞭挞,极力反对。反观朱峙三,在他接受传统教育时,正是清末乡村教育变革进行之际。社会上对传统思想和传统教育批评之声不断,而他生活的武汉地区又是一个信息较为通畅的地区,他的长辈和老师大都非常关注时局,经常谈论时事,这些都会对年幼的朱峙三产生影响。再加上他接受儒学教育时间不长,因此,他没有刘大鹏那种维护儒学正统地位的使命感和道义感,故而能够以较为平淡的心态接受晚清教育变革。

年龄也是影响刘大鹏和朱峙三心态的一个重要因素。如前所述,刘比朱大了29岁,相当于整

---

[1] 干松春.制度化儒家及其解体[M].北京:中国人民大学出版社,2003:225.

整一代人。当乡村教育变革开始时,刘大鹏已过不惑之年,思想早已定型,他不愿意也难以接受外界的新思想、新思潮。而朱峙三恰值青春年少,有很强的求知欲,青春期所特有的叛逆心理使得他对"泪没人性灵"的旧教育非常反感。此时进行的教育变革恰好可以满足朱峙三这种求新求变的心理。随着教育变革的深入进行,这种情绪就转化为对新式教育的期待与欢迎态度。即便是看到新教育中存在一些不尽如人意的地方,他也会在心理上加以自我化解。如他批评县一年制师范学堂时说:

> 师范班期短,今夏又耽延多日。教习缺乏日本文,仅识得片假名、平假名而已。因阮堂长在东京所学仅半年,其空洞之教育学实无用也。日本文化贩自欧美,中国则转而贩买之,所得几何耶?

新学堂的这种状况并没有使他灰心,反而点燃他到更高级学堂去求学的欲望:"予思省城各学堂教习,或不致如此劣等也。"[1]

年龄虽然不是个体心态的决定性因素,但在晚清教育大变革时期,中老年士子和青年士子俨然分成两个对立的阵营,确是到处可见的事实。1901年清政府决定废除科举考试中的八股文,令朱峙三这样的青年士子备感轻松,但引发中老年士子的强烈抗议:

> 八股已废止,老儒多有感叹者,谓朝廷不应废制艺改策论云云。老儒盖中八股之毒者。

一些老童生甚至以罢试以示抗议。[2] 持新思想的青年士子对老年士子大多持防范心理:

> 今日上午,至九曲亭闲坐,遇同学张香亨、严赞卿二人。……与予谈二小时,方下山,并以黄兴、宋

---

[1] 朱峙三.朱峙三日记[M]//中南地区辛亥革命史研究会,武昌辛亥革命研究中心.辛亥革命史丛刊(第11辑).武汉:湖北人民出版社,2002:357.
[2] 同上:331.

教仁所办之《二十世纪之支那》杂志交予阅。谓此中辨满汉之义甚明,请君阅后仍还我,勿使老年秀才知之也。[1]

大致说来,中老年士子对教育变革持反对、拒斥态度,而青年士子多持赞许、欢迎态度。

年龄差异之所以对个体心态发生影响,除生理、心理原因之外,还因为它承载着不同的阅历。科举废除之前,刘大鹏早已成为举人,距传统功名的顶峰仅有一步之遥,正当他准备在这人生阶梯上作最后一搏,攀登顶峰之际,科举制度却轰然倒塌。现代心理学认为,个体对挫折体验的深度,产生挫折心理的强度,与其抱负水平密切相关。挫折往往会引起攻击行为。当受挫的个体对引起挫折的原因有很强的攻击倾向而又不能直接报复时,可能把攻击的矛头指向可见的、较软弱的非自己所属团体

---

[1] 朱峙三.朱峙三日记[M]//中南地区辛亥革命史研究会,武昌辛亥革命研究中心.辛亥革命史丛刊(第11辑).武汉:湖北人民出版社,2002:351.

及成员,把偏见的对象当作个人挫折的对象而加以敌视和攻击。在这些情况下就会出现无辜者受攻击的现象。[1] 科举废除对刘大鹏来说无疑是一次严重的挫折。随着教育变革的深入,刘氏的挫折感不断加深。当挫折得不到合理处置时,刘大鹏就把矛头指向新教育,对其极力攻击。朱峙三生长在一个清贫之家,全家仅靠其父行医支撑,成年后又常常为家庭经济所困。虽然有一段时间,他与刘大鹏一样醉心于科举考试,但此时的科举制度已是强弩之末,他完全没有刘大鹏那样高的期待,而仅把获取功名作为改善家庭经济状况的一种手段。他说:"科举在清代为寒士求出路第一门径,以故无恒产者舍此不能救贫,至于作官则在第二步。"[2] 事实是,1904年当朱峙三考中秀才之时,这一头衔不仅没有使他的家庭摆脱贫困,反而因筹措考费举债过

---

[1] 时蓉华.现代社会心理学[M].上海:华东师范大学出版社,1989:196—197.
[2] 朱峙三.朱峙三日记[M]//中南地区辛亥革命研究会,武昌辛亥革命研究中心.辛亥革命史丛刊(第11辑).武汉:湖北人民出版社,2002:285.

多而受到拖累,陷入了更加贫困的境地:

> 甲辰虽入学,得亲族货财之助,用度太宽,以致负债开始。自后愈积愈多,反为寒士之累。[1]

从某种意义上讲,科举考试的废除对他而言反而是一种解脱,这也是他能够以较为平淡的心态面对清末教育变革的一个重要因素。

作为地方上著名的乡绅,是科举制度使刘大鹏获得了很多资源。他在乡里之所以有较高的社会声望,之所以能够广泛参与地方公众事务(如修缮晋祠等),之所以能够长期在富商武佑卿家担任塾师,获得一份远比其他塾师优厚的薪水,都与"举人"这一头衔有很大关系。因此,刘大鹏对科举制有着深厚的感情。朱峙三却不然。1903年他第一次参加科举考试未中,就深刻感受到了世态的炎凉

---

[1] 朱峙三.朱峙三日记[M]//中南地区辛亥革命史研究会,武昌辛亥革命研究中心.辛亥革命史丛刊(第11辑).武汉:湖北人民出版社,2002:319.

和人情的淡薄,因而愤愤不平:"科举为误人之政策。已入学者为乡人敬重,未入学者,乡人冷眼或非笑之。"[1]次年他虽然顺利考取秀才,收获的却是到处打"抽丰"的心酸和更加沉重的家庭经济负担,这使他对科举制度非常失望,即便是1910年清政府举行的拔贡和孝廉方正考试,也未激起他的兴趣,而是选择在新式学堂继续他的学业。

应当指出的是,无论是思想较为"守旧"的刘大鹏还是较为"激进"的朱峙三,他们的行为都离不开对个人及家族利益的考量。例如一贯对新式教育心存反感的刘大鹏对新成立的山西大学堂聘请洋教习的做法十分反感,对那些不与洋人合作的教师由衷地赞许:

> 今岁省城将一切书院改为大学堂,选才华秀美者入堂肄业,每月给薪水,所学以西法为要,有主

---

[1] 朱峙三.朱峙三日记[M]//中南地区辛亥革命史研究会,武昌辛亥革命研究中心.辛亥革命史丛刊(第11辑).武汉:湖北人民出版社,2002:304.

教,有助教,以通西法者为之,此外又延洋夷为师(刻下尚未延来),在堂助教者,闻洋夷为师而告退之者数人,可谓有志气者矣。[1]

但是,当他得知山西大学堂名额不够继续招生时,却立即命令自己的儿子去报考该校:

> 省中大学堂业经有一百六十学生,又招二十六人,以满四百之数,于本月初十日前报名,……命瑄儿上省报名应考。[2]

思想与现实行为之间的严重脱节,恰恰可以说明刘大鹏在新旧两种教育制度的双重夹持下进退失据的矛盾心态,这也是清末民初教育变革下乡村士子中一种十分常见的现象。

当然,刘大鹏和朱峙三日记中反映的只是清末

---

[1] 刘大鹏.退想斋日记[M].乔志强,标注.太原:山西人民出版社,1990:111.
[2] 同上:115.

教育的一个侧面,仅仅是他们个人体验和认识的反映。实际上,清末的教育变革可能既非刘大鹏所说的那样一无是处,也非朱峙三期望的那样美好。刘大鹏、朱峙三的例子提醒我们,只有从多方面、多角度观察,才有可能揭示历史的真相。

　　清末教育大变革使传统士子阶层发生了重要变化。这种变化不仅表现在经济、政治、职业等方面,也表现在士子的心态上。不同的心态不仅影响着他们对这场变革的认识、体验,而且也影响到他们实际的教育活动。作为新教育经办主体的士绅和作为"受众"的广大民众,他们对新式教育的认知、态度、情感,等等,直接影响到中国教育早期现代化的发展。正如英克尔斯(Alex Inkeles)所言:

　　如果一个国家的人民缺乏一种能赋予这些制度以真实生命力的广泛的现代的心理基础,如果执行和运用着这些现代制度的人,自身还没有从心理、思想、态度和行为方式上都经历一个向现代化的转变,失败和畸形发展的悲剧结局是不可避免的。[1]

中国教育早期现代化进程中出现的很多问题,都可以从士子和民众心态方面找到答案。从这个角度上说,士子心态不仅能够为中国近代教育史研究提供一个有益的视角,它自身也应成为中国近代教育史研究的一个重要组成部分。

---

[1] 殷陆君.人的现代化——心理·思想·态度·行为[M].成都:四川人民出版社,1985:4.

寻病源与读方书

——《黄炎培考察教育日记》阅读札记

1914—1917年期间,黄炎培分别进行了两次国内教育考察和两次国外教育考察,先后出版了《黄炎培考察教育日记》四集。黄炎培进行国内外教育考察有着明确的目的:"譬之治病,外国考察,读方书也;内国考察,寻病源也。"通过考察,他认定教育与职业的分离、学校与社会的脱节是当时中国教育种种弊端的根源,而提倡、推广职业教育则是救治诸种教育弊端的良方。国内外教育考察使他决心献身职业教育,而考察期间所体现出来的"离社会无教育,欲定所施为何种之教育,必察所处为何种之社会"的务实精神和"余之考察教育,所兢兢于心者不敢忘一'我'字。盖考察者我也,非他也。我之所以考察,亦为我也,非为他也"的立足国情、明辨择善的态度,不仅贯串于黄炎培一生的教育活动,而且是他留给后人最宝贵的教育财富。

在中国近代教育史上,黄炎培(1878—1965)是一位著名的爱国主义、民主主义教育家,是我国近代职业教育众望所归的倡始人和奠基者。在我国20世纪前半叶群星璀璨的教育家群体中,很少有人能像黄炎培那样,注意从宏观上研究教育与社会、教育与经济的整体关系;很少有人能像他那样,强调社会调查对举办教育事业的重要性;更少有人能像他那样,一生中亲自做过那么多次社会的和教育的考察。1914—1917年期间,黄炎培考察国内外教育所留下的《黄炎培考察教育日记》四集(以下简称《日记》),不仅生动地记录了他青年时代即立志献身职业教育的心路历程,而且书中的诸多观点和议论,在经历了一个世纪的积淀之后,读来更让人感到亲切,体验到真知灼见的历史穿透力。

一、"内国考察,寻病源也"

1914年初,随着袁世凯复辟帝制步伐的加快,教育上封建主义的沉渣大肆泛滥,尊孔读经的呼声此起彼伏,恢复科举的传言也时有所闻,民初教育改革欣欣向荣的景象日渐暗淡。1914年初,黄炎培愤而辞去江苏省教育司司长之职,表示对袁世凯倒行逆施的不合作态度。从2月22日起至5月27日止的三个多月里,黄炎培以《申报》记者的身份,赴江西、安徽、浙江三省考察教育。同年9月14日至10月21日,又以《申报》记者的身份,赴山东、直隶二省考察教育。两次考察所得,不仅在《申报》《教育杂志》《教育研究》等当时国内著名报纸、杂志上随时刊发,而且于1914年底和1915年7月,分别由商务印书馆出版《黄炎培考察教育日记(第一集)》和《黄炎培考察教育日记(第二集)》,逐日详细记录了两次国内考察的实际情况。

进行国内教育考察,是黄炎培多年的夙愿:

> 余之本国旅行,积梦想者有年矣。此念之发生,盖亦有自。方庚戌辛亥间(指1910—1911年——引者),余尝调查江苏地方教育状况,全省六十县,足迹及三分之二。斯时便私自发愿,遍游各省。未

几而武汉义旗起,余则承乏江苏教育行政机关二年。此二年间,未尝一日置此念也。以谓吾辈业教育,教育此国民,譬之治病,外国考察,读方书也;内国考察,寻病源也。方书诚不可不读,而病之所由来与其现象,不一研究,执古方治今病,执彼方治此病,病曷能已。[1]

很明显,黄炎培决心"遍游各省",为的是在更广阔的范围内摸清中国教育弊病的表征及根源。在他看来,教育是社会生活的一个部分,一个国家、一个民族的教育能否健康发展,与整个社会状况的关系至为重要,"离社会无教育。欲定所施为何种之教育,必察所处为何种之社会"。因此,在考察中,"凡夫一切现象,苟足以表示其一社会之特性、惯习、能力者,皆在所宜考。例如,宗教之盛衰,政治之得失,民业种类之差别,物价、工价之消长,以及风俗习尚之异同",[2]他都予以特别关注。在《日

---

[1][2] 黄炎培.黄炎培日记(第1卷)[M].北京:华文出版社,2001:37.

记》中,景德镇之瓷业,铜陵之矿业,安徽、山东、江西各省的教育财政,小学教员的薪俸,博物院之展品,图书馆之藏书,等等,都是他的关注内容。特别是一些地方学务统计,经黄炎培调查整理发表后,直至今天仍然是研究这一时期教育实况的第一手资料。半年间,黄炎培先后考察了南京、芜湖、大通、铜陵、安庆、九江、南昌、饶州、景德镇、屯溪、徽州、严州、桐庐、富阳、杭州、济南、青州、博山、泰安、曲阜、天津等近30个城市及周边150所左右的各类学校和教育机构。每至一地,即参观学校,深入课堂,访问各级教育行政官员,举行教员、家长学生座谈会,有所收获则"昼日所接,夜必录之"。[1] 考察途中,耳目所接:

> 私塾改良之结果,可以使校数骤增,而不能使教育改进。且不唯不改进而已,紫可乱朱,则为紫者众矣。[2]

---

[1] 黄炎培.黄炎培教育文集(第1卷)[M].中华职业教育社,编.北京:中国文史出版社,1994:33.
[2] 同上:41.

教育普及,谈何容易。苟抹去教育二字,但求学校普及,则国家苟借得数千万款,顷刻间黉舍遍中国矣。一言教育则谁为教育者,此一问题。谁教育此教育者,又为一问题。层层推想,正如一副大机器,非全部运动,不能丝毫有所成就。今之谋国者,盛唱普及教育,强迫考试,其意甚盛。虽然,苟一究教育实际,而深思种种关键之所在,必恍然于此问题非可简单解决,而同时有急需提倡者在矣。[1]

学生毕业无出路,为方今教育上亟待研究之一问题。初等小学毕业,舍升高小无他路。高小毕业,舍升中学无他路。等而上之,莫不如此。而以中学为最盛。[2]

黄炎培在考察中发现,许多中、小学校,课程表上所列各门课程开设齐全,但事实上,所有科目都围绕着训练学生的文字能力:

---

[1] 黄炎培.黄炎培教育文集(第1卷)[M].中华职业教育社,编.北京:中国文史出版社,1994:45—46.
[2] 同上:49.

方今教育,弊在偏重文字。试思小学科目,除国文外,若算术、理科、历史、地理,所以授予人生必需之知识者,其目的岂仅仅在文字间。……而今之教育,任何学科,任何目的,一切归纳之于文字,甚至课修身,亦以读几本教科书了之。加设农科、商科,亦以读几种教科书了之。偏向文字之弊积重至此。……其结果必使儿童益轻视物质方面,终使学校教育,适成为一种科举教育之变相。[1]

在安徽婺源离县城 25 里的赋春村,黄炎培考察了该村的公立高等小学。一位"脑后尚累累垂辫"的彭姓教员告诉他,学校去年开办时学生有 40 人,受战乱影响,现在仅剩下 20 人。翻阅学生的作文簿,命题多为《扬善论》《管仲相桓公论》《莲花比君子说》等。更让他感到吃惊的是,此间盛传的一首《皖南谣》里竟然有这样的词句:

---

[1] 黄炎培.黄炎培日记(第 1 卷)[M].北京:华文出版社,2001:142.

东邻大男年十六,担柴要担百斤足,读书要读五经熟。西邻纷纷走相告,快辞公学拜私塾,中华科举制且复,不然倪都督,何为下令办团停教育。

中华民国已经建立三年多,科举取士制度已废除近十年,在袁世凯复辟帝制的高潮中,安徽军阀倪嗣冲下令全省中小学停办一学期而将其经费用以办"团练"的倒行逆施,居然在穷乡僻壤间酿成"中华科举制且复"的恶劣影响,为黄炎培所始料不及,他在日记中写道:

皖南一带盛传将废学堂、复科举。……信乎?为之反复解释之。[1]

辛亥革命后,以蔡元培为首的资产阶级革命派对传统封建教育进行了大刀阔斧的改革,取得了可喜的成绩,黄炎培本人就是这场改革的积极参与者

---

[1] 黄炎培.黄炎培日记(第1卷)[M].北京:华文出版社,2001:78.

和推动者。事实上,就民初教育发展的实际情况看,普通教育的发展最为迅猛,但是,这种普通教育短期内的迅猛发展,非常突出地把如下一些问题推到了教育界有识之士的面前:与普通教育在数量上的快速增长相联系,其质的情况如何?大批受过普通教育的学生涌向社会,社会是如何消化他们的?普通教育的一枝独秀会产生何种社会后果?等等。正是出于对这些问题的深入思考,黄炎培于1913年10月发表了著名的《学校教育采用实用主义之商榷》一文,提出"打破平面的教育,而为立体的教育""渐改文字的教育而为实物的教育"的主张,并冠之以"实用主义教育"而号召于全国教育界。后人赞誉黄炎培此举说:"实用主义的提出不能不谓我国教育上的一大革命。"[1]实际上,黄炎培此次国内教育考察的目的之一就是想实地了解一下,他提出的"实用主义教育"的主张究竟在多大程度上在教育界产生了影响。平心而论,在考察途

---

[1] 陈青之.中国教育史[M].上海:商务印书馆,1936:644.

中,黄炎培也确实遇到一些志同道合的"同志",致力于"实用主义教育"在中小学的实践,也看到一些学校在这方面做出令人高兴的成绩。但就所考察的大部分地区而言,下面的情况却更为普遍:学校数量增多而质量堪忧,无一技之长的中小学生毕业后被抛向社会即等于失业,科举考试过分重视文字的弊端在学校中改头换面、阴魂不散,新教育搞了近20年,然皆纸片的、书本的,而非实际的……黄炎培认为,造成这一切弊病的根源在于教育与职业的分离,学校与社会的脱节。实际考察的所见所闻,使他意识到,面对旧教育根深蒂固的影响和大批中小学毕业生的失学、失业,"语以抽象的实用教育,不若语以具体的职业教育之惊心动目"。[1] 仅从改革普通教育入手,难以从根本上奏效,必须另辟新径。通过两次国内教育考察,提倡一种融普通教育与职业教育为一体的新教育形式的念头已经萌发。《黄炎培日记》告诉我们,以1914年的国内

---

[1] 黄炎培.实用主义产生之第三年[J].教育杂志,1917(1).

教育考察为转折,黄炎培开始从宣传鼓吹实用主义教育而逐渐转为提倡职业教育;从致力于普通教育(主要是小学教育)的改革转为更多地关心如何沟通教育与职业的关系了。当然,这时黄炎培的职业教育思想仅仅是萌发,它的正式提出尚有待于大量感性认识的积累,有待于探索新的形式,特别是有待于客观现实提供适宜的土壤。

二、"外国考察,读方书也"

机会很快就来了。1915年初,北洋政府农商部应美国有关方面邀请,组织游美实业团参观巴拿马太平洋万国博览会,同时考察美国实业。黄炎培应农商部之邀以随团记者身份前往,"任笔墨之役",而私下的打算则是"余必尽力谋所以观教育"。[1] 从4月9日离沪至8月25日归国,黄炎培在美期间考察了25座城市的52个各级各类教

---

[1] 黄炎培.黄炎培日记(第1卷)[M].北京:华文出版社,2001:153.

育机关并走访了各地的教育行政部门和教育专家。与国内考察一样,其间除将收获、体会、感想以通信的形式随时刊布于国内各大教育刊物外,还将逐日所记冠以《新大陆之教育》(黄炎培考察教育日记第三集)之名交由商务印书馆于1917年4月出版。

如前所述,黄炎培之所以在国内考察之后紧接着就出国进行教育考察,有着明确的目的,那就是急迫地为革除中国教育弊端寻求"方书"。而他之所以选择美国作为考察的第一站,则是因为此时美国的职业教育正处于快速发展时期。众所周知,职业教育是伴随着近代大工业生产而在西方各国首先发展起来的,它的出现反映了大规模机器生产对劳动力在质量上、数量上的新需求。职业教育最初在英国兴起,继而盛行于法国、德国,19世纪末20世纪初美国职业教育有很大发展。1906年美国成立了全国职业教育促进会,"六年之后,该会正式赞成在普通中学外,另设公立职业学校。为应时势之需,纽约州于1909年,新泽西州于1906—1911年先后制定了职业教育法……在美国参加第一次世界大战前夕,国会通过了著名的《斯密士—列威尔法案》和《斯密士—休士法案》,使美国职业教育跨上新台阶"。[1]黄炎培这次考察恰逢其时,正值美国职业教育大发展时期。

在费城,黄炎培访问了宾夕法尼亚大学文学院院长葛来和氏,葛来和氏曾任中学校长二十多年,是一位经验丰富的教育家。黄炎培在日记中写道:

余问:此间中学制度如何?

答:美国东方尚有沿用旧法不分科者,即工业多特设专校,不与中学合,然余意殊主张分科不分校。盖分科则其所修业,可适如其性质境遇之所宜,而不分校,可铲除旧时重文轻实等阶级思想。

问:教育与生计之关系,为吾国亟待解决之一大问题,美国对此如何?

---

[1] 滕大春.美国教育史[M].北京:人民教育出版社,1994:434.

答：美国亦正注重此问题，可云一切研究，皆以此为根据。[1]

在参观孟费思市市立中学时黄炎培发现，该校作为一所普通中学却分为四科，分别是大学预备科、商科、理科和职业科：

二、三、四种皆为职业预备，然仍得升大学。此分科制行之25年矣，以前固与吾国普通中学制相仿佛也。现毕业后不升学而就职业者，占百分之五十。女生操缝衣、制帽等业为多，男生无定，盖皆学校所授予之技能也。亦有入各种办事机关为书记者。[2]

在了解圣路易市中学的分科情况并参观学生的种种制作之后，黄炎培感叹道：

---

[1] 黄炎培.黄炎培日记(第1卷)[M].北京：华文出版社，2001：187.
[2] 同上：170.

以是等方法教青年,将来毕业,犹不能活动于社会,效用于乡里,吾不信矣。……吾不美其财力之雄厚,但惊其方法之精良,精神之充满耳。[1]

在芝加哥,黄炎培一行参观了一所八年制公立小学,从低年级到高年级,听了游戏、算术、唱歌、历史等多节课程,但见教师们个个"演态极灵动","群儿争先高举(手)"。他在日记中记下如是感想:

综观是校精神上有特点三。一、教师极慈爱和悦;二、教室布置,纯取美感,不尚严整;三、教师均极活泼,游其间者,但觉如坐春风,如饮醇醪。[2]

波士顿是美国著名的文化教育中心,在考察了波士顿的教育状况后,黄在日记中写道:

波士顿为美国最古之城市,于教育制度,号称

---

[1] 黄炎培.黄炎培日记(第1卷)[M].北京:华文出版社,2001:173.
[2] 同上:175.

守旧。然以全市一十八中学校,而分科者占其十九,除拉丁文、英文、男女三中学外,无一不含职业性质,则夫全国之倾向实用教育,已可概见。乃当局者犹谓中学毕业生就事问题,虽注意研究,而未有解决善法。则凡墨守旧说,执定中学为普通教育,而欲俾受其教育者适应于今后争存剧烈之世界,不其难乎。[1]

在美期间,黄炎培先后拜访过多位著名职业教育专家。在纽约,黄炎培造访了全美职业教育联合会书记盖鲁威,《日记》中记下了这位全美职业教育联合会书记的话:

> 教育政策,往往与社会需要歧异。……欲沟二者而通之,非提倡职业教育不可。[2]

但当进一步深入交换意见后,黄炎培告诉对

---

[1] 黄炎培.黄炎培日记(第1卷)[M].北京:华文出版社,2001:200.
[2] 同上:272.

方:贵国现在所重点考虑的是"为已就职者求进步耳,求快乐耳。若吾国者,失业游民,遍地皆是,农工苦力,不识一丁,惟冀普通教育与职业教育同时并进,渐以教育救生计之穷"。黄炎培深深感到,由于美、中两国政治制度和经济发展水平的差异,"同此问题,其程度之高下,有不可同年语者矣"。[1]在波士顿,黄炎培访问了美国职业教育研究社的创办人蒲鲁非儿教授:

> 余问职业教育社发起之宗旨及方法。答工商业甚杂,今据调查所得,已有八九十种,其知识技能,家庭所无从教练,非由学校专教不可,此一因也。父母但知教子女习业,而不知何业之为社会所需要,故非专设机关调查指导不可,此又一因也。……本社宗旨,又在鼓吹此意,使人人获有相当职业。[2]

听了蒲鲁非儿教授的回答,黄炎培说,美国教

---

[1] 黄炎培.黄炎培日记(第1卷)[M].北京:华文出版社,2001:194.
[2] 同上:201.

育家所关注的是如何使年轻人获得"相当职业",而中国目前更迫切的问题是"如何而使无业者有业,与君所研究,不无有间,虽然其事相通耳"。[1]

短短的三个月时间,黄炎培在完成游美实业团的文字工作之外,就自己认为国内教育最迫切的一些问题在美国各地进行了广泛的调查,并全面了解吸取了美国职业教育从职业陶冶、职业学校、职业补习到职业指导、普通中学的选科、分科等一套完整的实施方法。赴美考察使黄炎培深受教益,面对生机勃勃的美国职业教育,许久以来郁积心头的一个问题找到了明确的答案:

> 回念吾国,……不能不认职业教育为方今之急务。[2]

黄炎培是 1915 年 8 月 25 日回到上海的。归

---

[1] 黄炎培.黄炎培日记(第1卷)[M].北京:华文出版社,2001:201.
[2] 黄炎培.黄炎培教育文集(第2卷)[M].中华职业教育社,编.北京:中国文史出版社,1994:108.

国后立即为在国内推广职业教育进行了舆论上和组织上的准备。他投书报章,应邀演说,大多以宣传职业教育为题,总结发挥了国内外考察的心得体会。与此同时,黄炎培做了大量的组织工作,联络同志,募集资金,调查研究,积极筹备。1916年9月,在黄炎培主持下,江苏省教育会附设职业教育研究会成立,会员148人,这是我国近代教育史上最早成立的省一级的职业教育研究机构。

1917年1月,黄炎培与北京高等师范学校校长陈宝泉、武昌高等师范学校校长张渲、南京高等师范学校教务主任郭秉文、北京高等师范学校附属中学主事韩振华及蒋维乔一行六人,组团赴日本、菲律宾作第二次国外教育考察。"同行诸子考察之目的多重在师范教育,而余重在职业教育,二者实互有关系也。"[1]1月8日出发,3月9日返回上海,两个月间,黄炎培考察了两国数十所各级各类学校并拜访了数十位教育界、实业界人士。考察日记汇

---

[1] 黄炎培.黄炎培教育文集(第1卷)[M].中华职业教育社,编.北京:中国文史出版社,1994:332.

集为《东南洋之新教育》(黄炎培考察教育日记第四集)一书,由商务印书馆于1918年6月出版。

在黄炎培心目中,日本与中国一衣带水,民风相同,习俗相近,几十年间由一落后的封建国家崛起为资本主义列强之一,在"日本职业教育之名词,虽未见十分煊烂,而于实际则厉行弗懈。……今后富国政策,将取决于职业教育"。[1] 把菲律宾作为考察对象就黄炎培而言至少基于两层考虑,一是在美国参观巴拿马太平洋博览会期间,看到菲律宾"教育出品之富且美,社会之所需几无一非学校所课。又观其教育报告,大注重职业教育与体育。所订学校制度,简单而适切"。[2] 他要亲自到菲律宾考察验证。而更深层次的原因则是因为在黄炎培看来,菲律宾很长一段历史时期内曾是西班牙的殖民地,独立后不久又被美国占领,有这样一种经历的国家开展职业教育成绩显著,对中国可能更有借

---

[1] 黄炎培.黄炎培教育文集(第1卷)[M].中华职业教育社,编.北京:中国文史出版社,1994:326.
[2] 同上:327.

鉴意义。一个多月的深入考察,使黄炎培对菲律宾的职业教育留下深刻印象。2月20日,黄应邀到当地一所华侨学校演讲,题目是《提倡爱国之根本在职业教育》。在演说结束时,他语重心长地向五百多名听众诉说自己的考察心得:

诸君须知一国教育,能注重生活能力,则其国能富且强。……望将来肩负教育责任者,当教学生读有用之书,为父兄者,当知子弟读书,即为谋生之捷径。能发达自己事业,方能发达国家事业。盖欲得有爱国之热诚,必先有爱国之能力。[1]

三、"自尊自立,择善而从"

1917年5月6日,中国近代教育史上第一个以研究、提倡、试验、推广职业教育为职志的全国性民间机构——中华职业教育社在上海宣告成立,黄炎

---

[1] 黄炎培.黄炎培教育文集(第1卷)[M].中华职业教育社,编.北京:中国文史出版社,1994:484.

培被推举为办事部主任。7月,《东方杂志》《教育杂志》同时刊载了由蔡元培、马良、伍廷芳、张元济、黄炎培等全国教育界、文化界、实业界、政界48位著名人士署名的《中华职业教育社宣言书》。《中华职业教育社宣言书》列举了"兴学二十余年,全国学校亦既有十万八千余所,何以教育较盛之区,饿殍载途如故,匪盗充斥如故?""学生毕业于学校而失业于社会者比比","所用非其所学,滔滔皆是"的现实状况;介绍了欧美各国实施职业教育的蓬勃景象;论述了沟通教育与职业对于个人生计、实业发达、国家强盛的莫大关系;具体地提出了实施职业教育的方法、内容、设施。《中华职业教育社宣言书》声称:

> 吾侪所深知、确信而敢断言者,曰今吾中国至重要、至困难问题,厥惟生计;曰求根本上解决生计问题,厥惟教育;曰吾中国现时之教育,决无解决生计问题之希望;曰吾中国现时之教育,不惟不能解决生计问题,且将重予关于解决生计问题之莫大障碍。……

救济之道奈何？……同人于此，……研究复研究，假立救济之主旨三端：曰推广职业教育；曰改良职业教育；曰改良普通教育，为适于职业之准备。[1]

《中华职业教育社宣言书》的发表在中国近代职业教育史上具有里程碑式的意义，而它的形成，可以说，正是黄炎培多次国内外教育考察的结晶。从此，黄炎培的一生与中华职业教育社的事业紧紧地联系在一起，提倡、研究、试验、推广职业教育成了他终身为之奋斗的理想。

近代以来，出于改革教育、培养人才、振兴祖国的强烈愿望，无数志士仁人前仆后继、忍辱负重、不避艰辛地走出国门，向教育先进国家学习，借鉴他们的教育理论、教育制度、教育经验，以改造传统教育、发展现代教育。从一定意义上讲，中国教育的早期现代化，正是通过这种借鉴、吸收、融合、创新才一步步得以推进。但是，像黄炎培这样，国内外

---

[1] 黄炎培.黄炎培教育文集(第2卷)[M].中华职业教育社，编.北京：中国文史出版社，1994：179—180.

的教育考察成为他提倡职业教育并为之奋斗几十年而坚持不懈的直接动因,却是并不多见的。说到底,这与黄炎培对待国外先进理论、制度、经验的态度有极大的关系。如前所述,黄炎培的国内外教育考察有着明确的目的:"外国考察,读方书也;内国考察,寻病源也。"但是,紧接着他还有另外一句话:"执古方治今病,执彼方治此病,病曷能已!"即是说,不能简单地将老方子拿来治当下的病,也不能把治好别人病的方子原封不动地拿来治自己的病。黄炎培曾在一篇文章中对20世纪以来我国教育界学习外国的历史状况作过一个简略的回顾。他说:

十五年以前,当欧洲大战的中期,有一群留美学生回国,大谈其国防,何以故?为美国提倡国防故。二十五年以前,一群留日学生,大谈军国民教育,何以故?为日本正提倡军国民教育故。可是不久,便什么都没有了。……蜂的眼前是花,采到了,酿出来,却不是花而是蜜;蚕的口中是桑,吞下去,吐出来,却不是桑而是丝。因为蜂和蚕都有他的特性,会充分表现他的能力,绝不胡乱模仿人家。[1]

在差不多同时写下的另一部著作中,他更明确地把这种态度概括为"精神上须不失自尊自立,方法上还需择善而存"。[2]可以说,这是黄炎培在几十年的教育活动中,对待国外教育经验始终坚持的一条原则,其源头正可以从两部考察教育日记中窥见。1915年赴美考察归来,黄炎培曾就东西方教育观之比较研究,发表过一个很精彩的讲演,谈到自己考察态度时,他说:

> 余之考察教育,所兢兢于心者不敢忘一"我"字。盖考察者我也,非他也。我之所以考察,亦为我也,非为他也。以故足迹所至,苟有匜闻尺见,其所发第一念即"于我之比较如何",其第二念即"我之对此当如何"。[3]

---

[1] 黄炎培.笼统[J].中华教育界,1934(9).
[2] 黄炎培.黄炎培教育文集(第3卷)[M].中华职业教育社,编.北京:中国文史出版社,1994:5.
[3] 黄炎培.东西两大陆教育之根本谈[J].教育杂志,1916(1).

《日记》中留下的大量材料说明,他确实是坚持了这一基本态度。而且,在以后的职业教育活动中,无论是理论上的研究宣传,还是实际工作中重大措施的采取,黄炎培都力求结合我国具体情况,对任何外国的先进经验,不生搬、不硬套,总是"明辨择善",在所开展的职业教育活动中形成自己鲜明的特色。

第一,密切注意国外职业教育发展的最新动态,及时地把国外新的理论、制度、措施介绍给国人,并首先在自己的事业中进行试验,使中华职业教育社各项活动,始终能与欧美各国保持大致的同步状态。

中华职业教育社成立不到半年,黄炎培就积极筹办了《教育与职业》杂志,介绍欧美日本各国职业教育动态,是该刊的重要内容之一。据统计,在前70期中,登载的介绍国外职业教育的文章达116篇,包括了美、英、德、法、日本、苏联等几乎所有当时职业教育发达的国家,甚至像瑞士、意大利、加拿大、奥地利等国的情况也时有介绍。在实践方面,

1918年创办中华职业学校作为试验基地,以后陆续设立了职业指导委员会、职业指导所,开展职业指导活动,举办多种类型的职业补习学校,自制职业心理测试仪器等,其中的有些活动,在国外也是刚刚起步,带有试验的性质。此外,他们还通过派人赴欧美日本各国实地考察,组织人力编译出版国外有关职业教育的专著,与各国专家学者和我国留学生保持经常联系等多种途径,始终瞄准国外职业教育发展的最新方向。

第二,强调职业教育要面向中下层人民,注意职业道德训练,致力于科学技术知识的传播,使中华职业教育社的各项职业教育活动具有中国特色。

与欧美各国的职业教育把解决择业问题作为重点不同,中华职业教育社的职业教育活动从一开始就把解决就业问题放在首位,这在前面所引《日记》中黄炎培与美国教育家的谈话已多次流露。由黄炎培提出、被中华职业教育社奉为圭臬的"使无业者有业,使有业者乐业",充分体现了这种思想。黄炎培多次讲过:

办职业教育,须下决心为大多数平民谋幸福。

如果办职业教育而不知着眼在大多数平民身上,……即办职业教育,亦无有是处。[1]

在他们举办的为数众多的职教事业中,从校址的确定、科目的设置,到课程的增删、生源的选择,都力求使中下层人民及失学失业青年有机会获得一技之长,借以"为个人谋生之预备"。中华职业教育社成立不久,有人以"子殆欲欧美我中国教育者矣"相责,黄炎培义正词严地予以驳斥:

恶是何言!余之倡职业教育,诚恫夫今日之国家社会,不忍不揭橥斯义为万一之补救,岂震惊于世界潮流而推荡之者耶?孰为欧美,孰为非欧美,吾乌乎知。即以欧美论,彼于职业教育之重点在如何而使获相当之职业,吾之重点,在如何使无业者

---

[1] 黄炎培.黄炎培教育文集(第2卷)[M].中华职业教育社,编.北京:中国文史出版社,1994:446.

有业,各有因时因地之作用,非可苟袭为也。[1]

20年代以后,虽然从理论上讲,不再把解决就业与"饭碗"问题放在突出地位,而是强调了"为社会服务",但在实际工作中,所谓"平民化"始终是他关注的中心。

注重职业道德训练是黄炎培的一贯主张,但关于职业道德训练的具体内容却有别于欧美各国。黄炎培比较自觉地意识到我国社会心理、文化背景诸方面与欧美各国的差异,自己又对以科举制度为核心的封建教育的流毒有切身感受。他认为,在我国发展职业教育,近代工商业的不发达,资金的匮乏,师资难以寻觅等,当然都是巨大的困难。但广泛地存在于人们头脑中的一些陈腐观念,如鄙视劳动、读书做官、重道轻艺等,却是严重得多的、看不见、摸不着的无形的"礁石"。因此,在职业道德训练内容上,有强烈的针对性,坚持把"尊重劳动""职

---

[1] 黄炎培.职业教育析疑[J].教育杂志,1917(11).

业平等""为群服务""手脑并用"等作为基本信条,反复强调,反复灌输,力图用新的职业观、价值观、道德观为职业教育的开展扫除心理、文化上的障碍。

如果我们把中华职业教育社所开展的职业教育活动从内容上与当时欧美各国的情况作一比较,更可以发现其中的不同。各种类型的职业学校、职业补习学校门类齐全,设科灵活多样化姑且不论,中华职业教育社还举办了许多表面看来似与职业教育相去甚远的活动,例如建立农业教育研究会、农村改进试验区、业余图书馆、讲演会等,甚至还有国货指导所、新农具推广所、玩具展览会,这些几乎包括了一切社会教育领域。中华职业教育社的这些事业,曾经引起非议,一些教育家认为他们这样做导致了职业教育的"空泛化"。如果以欧美的职业教育作为比较对象,这些批评不无道理。但是,在这些看来似乎不着边际的活动后面,却包含着黄炎培的良苦用心。不拘泥于形式上的模仿,而致力于广大农村科学技术知识的普及,这种所谓的"空泛化",可以说是黄炎培努力使职业教育结合中国实际情况的一种可贵尝试。

综上所述,我们可以看出,始终瞄准欧美各国职业教育发展的最新趋势,而又力求在职业教育的侧重点上、在职业道德训练的具体内容上、在职业教育实践活动的范围上反映中国的国情,体现中国的特点,这就是黄炎培几十年间在提倡职业教育中所一贯追求的目标。

平心而论,在旧中国,我国职业教育的发展是缓慢的,充满了艰难曲折,这当然是受制约于整个社会生产力的发展,而不是几位教育家或几个教育团体的努力所能根本奏效的。但黄炎培在提倡职业教育中注重国内外社会调查和所秉持的"自尊自立、择善而从"的态度,对后人是颇富启迪意义的。这就是我们在百年之后重读他的几部教育考察日记的最大体会。

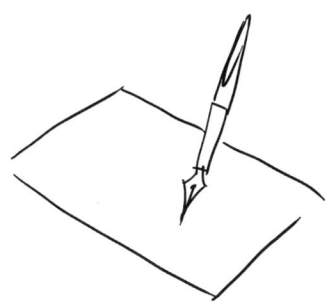

救国千万事,造人为最要

——《胡适日记全编·留学日记》阅读札记*

---

* 此文系与陈胜合作。

从1917年7月10日归国,至1962年2月24日溘然辞世,在近半个世纪的岁月里,胡适几乎把自己的全部精力都献给了祖国的文化教育科学事业,特别是高等教育事业,在中国教育早期现代化的历史进程中作出了重要的贡献。著名学者余英时教授曾经指出:"胡适在美国留学的七年(1910—1917)是他一生思想和事业的定型时期。"一部近80万字的《留学日记》(即《胡适日记全编》中的《留学日记》部分,文中简称《留学日记》)详细记录了青年胡适留学美国期间的学习、生活、人际交往和"内心生活,思想演变的赤裸裸的历史",而且,"所折射的不仅仅是他一个人的生活世界,而是整个时代的一个缩影"。因此,《留学日记》给我们留下了从源头上梳理、解读胡适一生教育思想和教育活动轨迹的鲜活材料。

1916年8月,在美国哥伦比亚大学留学的胡适在写给好友任鸿隽的诗中发出了"救国千万事,造人为最要。但得百十人,故国可重造"[1]的呼吁,这既是他与挚友之间的相互勉励,更是他立志献身祖国文化教育事业心声的自然流露。从1917年7月10日归国,至1962年2月24日溘然辞世,在长达近半个世纪的岁月里,胡适几乎把自己的全部精力都献给了祖国的文化教育科学事业,特别是高等教育事业。以他在北京大学的经历为例,胡适回国不久,即担任了哲学研究所主任、英文部主任、代理教务长、教务长、校评议会评议员、校务委员等职务;先后担任过哲学、外国文学、英国文学、教育和中文等五个系的系主任,在支持和协助蔡元培对北京大学的教育改革中作出了特殊的贡献。直至后来出任北京大学文学院院长、北京大学校长等职务,在北京大学前后服务19年,努力实践着"吾他日能生见中国有一国家的大学可比此邦之哈佛,英

---

[1] 胡适.胡适日记全编(2)[M].曹伯言,编.合肥:安徽教育出版社,2001:467.

国之康桥、牛津,德之柏林,法之巴黎,吾死瞑目矣"[1]的理想。

众所周知,作为第二批庚款留美学生,胡适走出国门是抱着实业救国的愿望,选择美国康乃尔大学农科作为研习专业的:

> 我初来此邦,所志在耕种。……种菜与种树,往往来入梦。[2]

那么,他何以改变初衷,转而从事哲学、文学与历史的研究,并献身于教育事业呢?七年的留美生活对他教育思想的形成和以后的教育实践活动产生了什么影响?这是一个非常值得探讨的问题。著名学者余英时教授曾经指出:"胡适在美国留学的七年(1910—1917)是他一生思想和事业的定型时期。"[3]

---

[1] 胡适.胡适日记全编(2)[M].曹伯言,编.合肥:安徽教育出版社,2001:63.
[2] 同上:592.
[3] 余英时.重寻胡适历程[M].桂林:广西师范大学出版社,2004:174.

诚哉此言！一部近 80 万字的《留学日记》给我们留下了从源头上梳理、解读胡适一生教育思想和教育活动轨迹的鲜活材料,这是因为《留学日记》"写的是一个中国青年学生五七年的私人生活,内心生活,思想演变的赤裸裸的历史"。[1]《留学日记》"所折射的不仅仅是他一个人的生活世界,而是整个时代的一个缩影"。[2]

一、学以济时艰,要与时相应：从农学到哲学

胡适于 1910 年 7 月 12 日离沪,1910 年 8 月 7 日抵旧金山,不久即到绮色佳(Ithaca)入康乃尔大学农学院,开始了他的七年留学生涯。胡适之选择农科作为自己的专业,依照他本人的说法,大致有两个原因,一是"根据了当时中国盛行的,谓中国学生须学点有用的技艺,文学、哲学是没有什么实

---

[1] 胡适.胡适日记全编(1)[M].曹伯言,编.合肥：安徽教育出版社,2001：57.
[2] 余英时.重寻胡适历程[M].桂林：广西师范大学出版社,2004：2.

用的这个信念"。[1] 二是凡"农科学生概不纳费，即此一项，一年可省百五十金"。[2] 前者确实是反映了当时留学生的普遍认知和选择；后者则受胡适家庭经济情况的制约，他希望能省下百五十金汇给母亲以补家用。在随后的一年半时间里，胡适学习生物学、植物学、生理学和果树学；在实验室做实验，在农场学洗马、驾车，到野外实习。学习刻苦，成绩也不错，入学半年后，"大考，生物学得九十五分，植物学得八十三分，殊满意矣"。[3] 但是，随着对农科知识的深入了解，胡适越来越发现自己其实并不适宜于学习农科。1912年春季学期，胡适终于从农学院转入文学院，专业也改为哲学。在康奈尔大学度过了五个学年之后，于1915年9月末转到哥伦比亚大学，师从杜威主修哲学。博士论文

---

[1] 胡适.胡适文集(1)[M].欧阳哲生,编.北京：北京大学出版社,1998：15.
[2] 胡适.胡适书信集(上)[M].耿云志,欧阳哲生,编.北京：北京大学出版社,1996：16.
[3] 胡适.胡适日记全编(1)[M].曹伯言,编.合肥：安徽教育出版社,2001：68.

《中国古代哲学方法之进化史》约9万字,于1917年4月27日写完,5月4日递交校方。[1]

关于从农学改习哲学的原因,胡适在《留学日记》和此一时期与国内亲人及友朋的通信中作过多种解释,海内外学者对此也多有研究。[2] 笔者认为,其中的原因至少可以分作三个层面。

第一个层面,是胡适对自己的亲人所做的解释,即认为中国的具体情况与西方不同,西方农业重利用机器,"非千亩百亩不为功",而中国"地多零畸",所以"不甚适合"。这其实是一个连他自己也难于说服的表面理由,说得更白一些,这只是一个借口。因为就当时胡适所拥有的中国地理知识而言,这根本就不应该成为一个问题。正如他的二哥在回信中所指出的,不能"拘于家乡山僻之情形",黄河以北,沃野千里,地广人稀,正需要机器耕作才

---

[1] 胡适.胡适日记全编(2)[M].曹伯言,编.合肥:安徽教育出版社,2001:583.
[2] 其重要者如:余英时.重寻胡适历程[M].桂林:广西师范大学出版社,2004;周明之.胡适与中国现代知识分子的选择[M].桂林:广西师范大学出版社,2005;罗志田.再造文明的尝试——胡适传(1891—1929)[M].北京:中华书局,2006.

能发展。这样一个不成为理由的理由,胡适只是在面对自己的亲人这一层面时提出过,此后再也没有坚持。

第二个层面,是胡适强调自己的兴趣、性向和知识结构与农科不合,而"于文学为近","欲以文学发挥哲学之精神"。[1] 这确实是长期困扰胡适的一个重要因素。如前所述,胡适留学之初对选择农科并没有进行过深入考虑,事实上,大多数出国学生选择某一门实用技术作为自己的专业与20世纪初颇有影响的"实业救国"思潮有关。1902年3月东渡日本留学的鲁迅,最初选择的是医学专业;1908年赴美留学的蒋梦麟最初进的是加州大学农学院;1914年到日本的郭沫若也选择医学作为自己的专业,等等。尽快改变祖国积弱积贫状况的迫切心情和当时的社会时尚使这一代留学生在出国之初选择专业时很少考虑到自己的兴趣、性向和爱好。但是,一旦进入正规的学习和训练,问题和矛

---

[1] 胡觉致胡适(1911年夏、1912年春)[J].安徽史学,1989(1):78,81.

盾便显现出来。一方面,由于原来对于农学没有任何基础,所以专业学习非常辛苦,不得不花大量的时间。胡适的日记中多次出现"连日以温课失眠","连日大忙,虽星期亦不得暇",以至于有"连日似太忙碌,昨夜遗精,颇以为患"的记载。另一方面,功课如此之忙,个人的兴趣爱好却难以割舍,这一时期的日记中同样留下多处"读《召南·邶风》","读《说文》","读《王临川集》","读《陶渊明诗》"[1]等的记载。直到晚年,胡适回忆自己从学农转而研习哲学时,还多次强调了个人兴趣的重要:

我在1910年进康乃尔大学时,原是学农科的。但是在康大附设的纽约州立农学院学了三个学期之后,我做了重大牺牲,决定转入该校的文理学院,改习文科。……我认为学农实在是违背了我个人的兴趣。勉强去学,对我说来实在是浪费,甚至愚蠢。[2]

---

[1] 胡适.胡适日记全编(1)[M].曹伯言,编.合肥:安徽教育出版社,2001:65,80,70,84,98,104,119.
[2] 胡适.胡适口述自传[M].唐德刚,译注.桂林:广西师范大学出版社,2005:46—47.

除此之外,选择哲学作为新的专业,"是我对哲学、中国哲学和研究史学的兴趣。中国古代哲学的基本著作,及比较近代的宋明诸儒的论述,我在幼年时,差不多都已读过"。"还有第三个促使我改行的原因,那就是我对文学的兴趣"。[1] 可以说,长期以来培养的兴趣和已形成的知识结构,确实是导致胡适从农学改习哲学的重要原因,这方面的原因,往往是他面对知识界、学术界层面时所常常强调的。

第三个层面,从《留学日记》中可以看出,胡适之最终以哲学为专业,还有着更深刻的现实原因。1910—1917年胡适留美的七年间,中国社会正经历着巨大而深刻的变革,辛亥革命的爆发、袁世凯的复辟、第一次世界大战的硝烟、新文化运动的狂飙突起……所有通过各种途径来自祖国的这些信息,都在日记中得到反映,让他彻夜难眠,"连日日所思维,夜所梦呓,无非亡国惨状,夜中时失眠",[2] 更

---

[1] 胡适.胡适口述自传[M].唐德刚,译注.桂林:广西师范大学出版社,2005:48,49.
[2] 胡适.胡适日记全编(1)[M].曹伯言,编.合肥:安徽教育出版社,2001:79.

催促着他把自己的专业选择与改变民族命运、国家前途的重大使命联系在一起:

> 吾非谓吾国今日不需实业人材也,实业人材固不可少,然吾辈决不可忘本而逐末,须知吾国之需政治家教育家文学家科学家之急,已不可终日。不观乎晚近十余年,吾国人所受梁任公严几道之影响为大乎?抑受詹天佑胡栋朝之影响为大乎?晚近革命之功,成于言论家理想家乎?抑成于工程之师机械之匠乎?[1]

他以梁启超和詹天佑对中国的影响为例,说明文理科是本,其他各科是末,中国人"决不可忘本而逐末",表明他已从对"实业救国"的迷恋中觉悟。如果说,出国之初他之选择农学专业更多的是受到时代潮流影响,希望习得一技之长报效国家,同时还夹杂着些许个人生活考量的话;那么,随着知识

---

[1] 胡适.胡适文集(9)[M].欧阳哲生,编.北京:北京大学出版社,1998:672.

的增长、眼界的开阔和志向的确定,他的专业转换,从农学改为哲学,一字之改,在充分反映个人兴趣所在的同时,也在更高层次上体现了他对自己"所要扮演的历史角色的自觉"。[1] 翻检《留学日记》,随处可见青年胡适的自我期许:

盖吾辈去国万里,所志不在温饱,而在淑世。[2]

吾侪治疾须对症,学以致用为本根。……恢我土宇固我藩,百年奇辱一朝翻。[3]

愿集志力相夹辅,誓为宗国去陈腐,譬如筑室先下础,纲领既具百目举。[4]

与经农相见甚欢。一夜经农曰:"我们预备要中国人十年后有什么思想?"此一问题最为重要,非一人所能解决也,然吾辈人人心中当刻刻存此

---

[1] 罗志田.再造文明的尝试——胡适传(1891—1929)[M].北京:中华书局,2006:81.
[2] 胡适.胡适日记全编(1)[M].曹伯言,编.合肥:安徽教育出版社,2001:286.
[3] 胡适.胡适日记全编(2)[M].曹伯言,编.合肥:安徽教育出版社,2001:283.
[4] 胡适.胡适日记全编(1)[M].曹伯言,编.合肥:安徽教育出版社,2001:419.

思想耳。[1]

今日吾国之急需,……以吾所见言之,有三术焉,皆起死之神丹也:一曰归纳的理论,二曰历史的眼光,三曰进化的概念。[2]

身在异国的胡适,最关心的是十年后中国人的思想会发生怎样的变化,决心"为宗国去陈腐"。他自认为能使中国起死回生的三剂"神丹"妙药,即归纳的理论、历史的眼光、进化的概念,都不出"哲学"的范畴。他说:

吾之天职,吾对于社会之责任,唯在竭吾所能,唯吾所能为。吾所不能,人其舍诸?自今以往,当屏绝万事,专治哲学,中西兼治,此吾所择业也。[3]

---

[1] 胡适.胡适日记全编(2)[M].曹伯言,编.合肥:安徽教育出版社,2001:536.
[2] 胡适.胡适日记全编(1)[M].曹伯言,编.合肥:安徽教育出版社,2001:222—223.
[3] 胡适.胡适日记全编(2)[M].曹伯言,编.合肥:安徽教育出版社,2001:158.

在这里,个人抱负的寄托、个人价值的实现、个人兴趣的诉求,在新的专业预设中获得了高度的统一,这才是他从"农学"转为"哲学"的深层原因。

1917年6月1日,回国前夕的胡适作诗与仍在美国的任鸿隽、杨杏佛、梅觐庄话别,回顾了自己在专业选择上七年来的心路历程:

我初来此邦,所志在耕种。文章真小技,救国不中用。带来千卷书,一一尽分送。种菜与种树,往往来入梦。匆匆复几时,忽大笑吾痴。救国千万事,何一不当为?而吾性所适,仅有一二宜。逆天而拂性,所得终希微。从此改所业,讲学复议政。故国方新造,纷争久未定;学以济时艰,要与时相应。[1]

读着胡适的这些诗句,很自然地让人联想到鲁迅对自己从学医转而从事文艺事业的原因的解释:当他在仙台医学专门学校的课堂上看到时事画片

---

[1] 胡适.胡适日记全编(2)[M].曹伯言,编.合肥:安徽教育出版社,2001:592.

里日俄战争中日军处决中国人,旁边却有许多身体强壮的中国人神情麻木地围观时,他说:

> 我便觉得医学并非一件紧要事,凡是愚弱的国民,即使体格如何健全,如何茁壮,也只能做毫无意义的示众的材料和看客,病死多少是不必以为不幸的。所以我们的第一要著,是在改变他们的精神,而善于改变精神的是,我那时以为当然要推文艺,于是想提倡文艺运动了。[1]

"学以济时艰,要与时相应。"胡适和鲁迅一样,作为20世纪初负笈海外的留学生,面对"风雨如磐"的故国,专业上的最终选择,都把改变国人的精神面貌、改变国人的思想品格放在了首位,表现出如此惊人的相似,这是一个十分耐人寻味的历史话题。后来的事实证明,胡适和鲁迅重新选择专业虽然可能使近代中国少了一位农学家和一位

---

[1] 鲁迅.鲁迅全集(1)[M].北京:人民文学出版社,1981:417.

医学专家,却由此产生了两位在一定程度上改写了中国近代思想史、文学史和文化史的启蒙大师、文化巨匠。一个世纪后的今天,阅读胡适的《留学日记》,我们在为他的改变专业而庆幸的同时,更多的是感动!它告诉我们:一个19岁的青年,在经历社会大变革和人生大转折的关头,是如何因应时代需要,把专业选择、个人兴趣和报国志向结合在一起的。

二、树人之道,端赖教育:从基础建设起

从康乃尔大学农学院转入文学院之后,胡适日夜徜徉于他所钟爱的中外哲学、历史、文学作品的比较研读之中:读《马氏文通》《荀子》《稼轩词》《老子》《神灭论》《墨子》《龙川集》《公孙龙子》《中庸》《孝经》《易》《管子》《周礼》《随园诗话》《小仓山房文集》《庄子》《列子》《宋元学案》;读狄更斯、莎士比亚、达尔文、斯宾塞、培根、爱迪生、歌德、大小仲马、苏格拉底、柏拉图、黑格尔、易卜生、泰戈尔、托尔斯

泰、韦尔斯、司各得……涉猎远远超出专业范围。转入哥伦比亚大学之后,他写道:

> 我在1915年的暑假中,发愤尽读杜威先生的著作,做有详细的英文提要,……从此以后,实验主义成了我的生活和思想的一个向导,成了我自己的哲学基础。

此外,他又常常走出课堂、走出书斋,"爱管闲事,爱参加课外活动,爱观察美国的社会政治制度,到处演说,到处同人辩论……"[1]他利用一切机会,尽可能地融入当地社会,听音乐会,看歌剧,参观博物馆,旁听公民议会,进教堂,参加各种演说会、讨论会,努力广交朋友,吸收新知。对此,胡适曾回忆说:

> 我留美的七年间,我有许多课外的活动,影响我

---

[1] 胡适.胡适日记全编(1)[M].曹伯言,编.合肥:安徽教育出版社,2001:58.

的生命和思想,说不定也与我的大学课业一样。[1]

《留学日记》记载,1912—1915年的三年间,他曾应邀在各种会议上公开演讲70余次,1915年一年间,收到999封信,发出874封信;1916年一年间,收到1 210封信,发出1 040封信。[2]信中讨论的范围极广,涉及学术问题、政治见解、社会风俗、文字改革、文学革命,等等。胡适在《留学日记》中也常常流露出因参与社会活动耗费过多精力和时间而带来的苦恼,以及处理"专"与"博"的矛盾心情:

吾久决意不演说,此次不得已复为冯妇,今后决不再演说矣。[3]

余近来读书多所涉猎而不专精,泛滥无方而无所专注,所得皆皮毛也,可以入世而不足以用世,可

---

[1] 胡适.胡适文集(1)[M].欧阳哲生,编.北京:北京大学出版社,1998:16.
[2] 胡适.胡适日记全编(2)[M].曹伯言,编.合肥:安徽教育出版社,2001:116,491,536.
[3] 同上:116.

以欺人而无以益人,可以自欺而非所以自修也。后此宜痛改之。[1]

学问之道两面(面者,算学之 dimension)而已:一曰广大(博),一曰高深(精),两者须相辅而行。务精者每失之隘,务博者每失之浅,其失一也。余失之浅者也。不可不以高深矫正之。[2]

尽管在《留学日记》中多次自责,然而,终其在美国的整个七年,胡适从未放弃过对政治社会事业之兴趣,一直都在求"专"还是求"博"的矛盾、冲突中自省、徘徊。

为什么会发生这种务广而不专精,屡下决心而又难以改正的情况?胡适认为,原因在于"盖吾反观国势,每以为今日祖国事事需人,吾人不可不周知博览,以为他日为国人导师之预备"。[3] 胡适这

---

[1] 胡适.胡适日记全编(1)[M].曹伯言,编.合肥:安徽教育出版社,2001:223.
[2] 胡适.胡适日记全编(2)[M].曹伯言,编.合肥:安徽教育出版社,2001:34.
[3] 同上:158.

个"病灶"找的是准确的,为"国人导师之预备"的自我定位,"祖国事事需人"的现实,使他时刻都有一种强烈的使命感、责任感,自觉地增加压力,努力"周知博览"。当然,这种"周知博览"绝不是漫无边际,仔细阅读《留学日记》中记录的胡适研读的各种文献目录,一条以中外哲学为主线,包括中外文学、历史、政治、宗教、伦理等典籍的阅读视域,清晰而明确。

1915年2月18日的日记,很能反映胡适的真实心态,他给这篇日记提炼了一个篇名,曰"自课",即自己需天天对照检查的言行。其内容如下:

> 曾子曰:"士不可以不弘毅:任重而道远。仁以为己任,不亦重乎?死而后已,不亦远乎?"此何等气象,何等魄力!
>
> 任重道远,不可不早为之计:第一,须有健全之身体;第二,须有不挠不屈之精神;第三,须有博大高深之学问。日月逝矣,三者一无所成,何以对日月?何以对吾身?……今为积极之进行次序曰:

第一,卫生:每日七时起。每夜十一时必就寝。晨起做体操半时。第二,进德:表里一致——不自欺。言行一致——不欺人。对己与接物一致——恕。今昔一致——恒。第三,勤学:每日至少读六时之书。读书以哲学为中坚,而以政治,宗教,文学,科学辅焉。主客既明,轻重自别。……读书随手作记。[1]

在这里,胡适以"任重而道远"自勉,以弘毅之"士"自居。"士"者,社会精英之谓也,表率人伦、导引民众是"士"的根本职责。

如果说,为"国人导师之预备"听起来似乎有点自负,正像胡适在多年后为自己的《留学日记》重版作序时所承认的,"这里有许多少年人的自喜,夸大,野心,梦想";那么,选择教师作为自己的终生职业,确实是胡适在留学期间确立的职业志向。在胡适看来,作国人之"导师"是一个努力的目标和理

---
[1] 胡适.胡适日记全编(2)[M].曹伯言,编.合肥:安徽教育出版社,2001:61.

想,它需要具体的职业来承载。在胡适的心目中,"讲学复议政",教师是一个与"导师"功能最为接近的职业;传道、授业、解惑,教师又是一个最能改变国人思想的职业。专业选择和职业志向在这里得到了和谐的统一。

1916年1月25日,胡适与许怡荪通信,讨论改造中国的根本途径问题。他在信中写道:

> 适以为今日造因之道,首在树人;树人之道,端赖教育。故适近来别无奢望,但求归国后能以一张苦口,一枝秃笔,从事于社会教育,以为百年树人之计;如是而已。……明知树人乃最迂远之图。然近来洞见国事与天下事均非捷径所能为功。七年之病当求三年之艾。倘以三年之艾为迂远而不为,则终亦必亡而已矣。[1]

非常明确地表示了自己回国后的愿望——"一

---

[1] 胡适.胡适日记全编(2)[M].曹伯言,编.合肥:安徽教育出版社,2001:325.

张苦口,一枝秃笔",从事"迂远"的百年树人的教育事业。在同年 8 月 22 日写给任鸿隽的信中,更把这种想法概括为四句诗:

> 救国千万事,
> 造人为最要。
> 但得百十人,
> 故国可重造。[1]

"造人"者,通过教育培养一代又一代新式国民之谓也,这是挽救祖国于危亡的最重要的工作;只要有百十位志同道合的同仁不懈地努力,中华文明就能获得新生。四句诗言简意赅地表达了 20 世纪初盛行的"教育救国论"的核心内容。

留学期间的种种阅历,使胡适成为一个坚定的"教育救国论"的信奉者,而这种信念的形成,则基于他的进化论的社会历史观与他的哲学信念。其

---

[1] 胡适.胡适日记全编(2)[M].曹伯言,编.合肥:安徽教育出版社,2001:467.

实,胡适早在出国之前就有过从事教育工作的经历:

> 1908年,我家因营业失败,经济大感困难。我于十七岁上,就必须供给我自己读书,兼供养家中的母亲。我有一年多停学,教授初等英文,每日授课五小时,月得脩金八十元。1910年,我教了几个月的国文。[1]

但那时做英文教师只是为了养家糊口,为了供自己读书。在美留学的七年,如前所述,胡适从未放弃过对社会政治事业之兴趣,时刻关注祖国的前途命运。1916年1月31日,胡适在致H.S.维廉斯教授的信中较全面地表述了自己的社会历史观:

> 吾并非指责革命,因为,吾相信,这也是人类进化之一必经阶段。可是,吾不赞成早熟之革命,因为,它通常是徒劳的,因而是一事无成的。……基于

---

[1] 胡适.胡适文集(1)[M].欧阳哲生,编.北京:北京大学出版社,1998:13.

此理由,吾对当前正在进行的中国之革命,不抱太多的希望。诚然,吾对这些革命者则深表同情。作为个人来说,吾倒宁愿从基础建设起。吾一贯相信,通向开明而有效之政治,无捷径可走。……吾个人之态度则是,"不管怎样,总以教育民众为主。让我们为下一代,打一个扎实之基础"。这是一个极其缓慢之过程,十分必需之过程,可是,人却是最没有耐心的!以愚所见,这个缓慢之过程是唯一必需的:"它既是革命之必需,又是人类进化之必需。"[1]

简言之,在胡适看来,社会的改造与进步,最好的途径是"从基础建设起",而基础建设最为重要的内容便是"教育民众",这条路虽然极其缓慢,却是"唯一必需的"。当然,从更形而上的层面考察,胡适之推崇教育在改造社会中的重要作用,他之坚信"救国千万事,造人为最要",与他在哥伦比亚大学师从杜威,"发愤尽读杜威先生的著作,……实验主

---

[1] 胡适.胡适日记全编(2)[M].曹伯言,编.合肥:安徽教育出版社,2001:335—336.

义成了我的生活和思想的一个向导"分不开。杜威所宣称的"我相信教育是社会进步和社会改革的基本方法","我相信……教师始终是真正上帝的宣扬者,是真正的上帝之国的向导"[1]等观点给胡适以深刻印象。直到晚年,胡适都认为,杜威对其一生的文化生命具有决定性的影响。[2]杜威把教师这一职业比作天国的"向导",自己身体力行,终身从事教育事业;胡适从未皈依任何宗教,无缘做天国的"向导",但追随乃师,从基础建设做起,发愿为世俗国人之"导师"。

正是基于对人类社会的发展持这样一种渐变的、进化论的社会历史观,正是基于他的哲学信念,胡适终其一生都是一个虔诚的"教育救国论"的信奉者,老而弥笃。此种志向的形成和确立,其源盖出于早年的留学生活,一部《留学日记》给我们展现了清晰的轨迹。

---

[1] 杜威.杜威文选[M].涂纪亮,编译.北京:社会科学文献出版社,2006:399,400.
[2] 胡适.胡适口述自传[M].唐德刚,译注.桂林:广西师范大学出版社,2005:98.

三、世安可容无大学之国乎?

在胡适看来,"教育救国"最重要的内容,就是要办好中国自己的大学。在中国近代教育史、近代文化史上,胡适不是第一个提出中国要创办自己的大学的学者,但是,他很可能是第一个提出中国要建设世界一流大学的学者。早在留学期间(1914年1月)发表的《非留学篇》中,胡适就针对当时政府大量派遣留学生而忽视国内大学建设的高等教育政策,反复论述:

> 盖国内大学,乃一国教育学问之中心,无大学,则一国之学问无所折衷、无所归宿、无所附丽、无所继长增高。以国内大学为根本,而以留学为造大学教师之计,以大学为鹄,以留学为矢,矢者所以至鹄之具也。[1]

---

[1] 胡适.胡适文集(9)[M].欧阳哲生,编.北京:北京大学出版社,1998:670.

反复强调：

> 久长之计乃在振兴国内之高等教育。是故当以国内高等教育为主,而以留学为宾。当以留学为振兴国内高等教育之预备,而不当以国内高等教育为留学之预备。[1]

1915年2月20日的日记中,胡适记下了与他在康乃尔大学的英文老师约翰·亚当(John Q. Adams)的一段对话：

> 先生问：中国有大学乎？余无以对也。……先生曰："如中国欲保全固有之文明而创造新文明,非有国家的大学不可。一国之大学,乃一国文学思想之中心,无之则所谓新文学新知识皆无所附丽。国之先务,莫大于是……"余告以近来所主张国立大学之方针。先生亟许之,以为报国之义务

---

[1] 胡适.胡适文集(9)[M].欧阳哲生,编.北京：北京大学出版社,1998：676.

莫急于此矣。[1]

与老师的这番对话一方面使胡适坚定了自己一年前在《非留学篇》中提出的那些观点;另一方面,老师的提问,也使他感慨万端,在当天的日记中他写道:

> 吾他日能生见中国有一国家的大学可比此邦之哈佛,英国之康桥、牛津,德之柏林,法之巴黎,吾死瞑目矣。嗟夫!世安可容无大学之四百万方里四万万人口之大国乎!世安可容无大学之国乎![2]

中国不仅要有国立大学,而且要有像哈佛、剑桥、牛津、柏林、巴黎那样的世界一流大学,这是他一生的梦想与愿望。第二天,胡适的心情仍然难以平静,再次在日记中补记了如下一段话:

---

[1] 胡适.胡适日记全编(2)[M].曹伯言,编.合肥:安徽教育出版社,2001:62.
[2] 同上:63.

国无海军,不足耻也;国无陆军,不足耻也!国无大学,无公共藏书楼,无博物院,无美术馆,乃可耻耳。我国人其洗此耻哉![1]

在整个留学期间,胡适一直对美国高等教育的发展给予特别的关心,在他的日记里留下了这方面的大量记载。如,1914年1月23日日记"康乃尔大学费用",从该校校刊上详细摘录了1913年收支情况;1914年1月27日日记"美国各大学之体育运动费";1915年3月4日日记记下了哥伦比亚大学新学年财政预算,并且与我国各省岁出进行比较,结论是"此大学一年之岁出,超出晋、陕、甘、豫、新、湘、皖、赣、浙、闽、桂、贵诸省之上"。[2]此外,日记中还保存了"美国大学及专科学校学生人数""美国学生总数""美国学生最多之大学""美国藏书最富之大学""美国富豪捐产兴学之慷慨"等有关美国高

---

[1] 胡适.胡适日记全编(2)[M].曹伯言,编.合肥:安徽教育出版社,2001:63.
[2] 同上:79.

等教育的大量资料。在繁忙的学习和社会活动之外,他收集保存这些材料,目的是以备中国建设国立大学、建设一流大学借鉴。1915年1月20日,胡适在哈佛与竺可桢、张子高、郑莱等同学相聚畅谈,"滔滔不绝"。他在日记中记下了谈话内容:

> 是夜,所谈最重要之问题如下:一、设国立大学以救今日国中学者无求高等学问之地之失。……二、立公共藏书楼博物院之类。三、设立学会。……[1]

一月的波士顿,室外寒气逼人,室内热气腾腾,"畅谈极欢"。一群二十几岁籍籍无名的青年,兴奋地讨论着一个在常人看来与他们遥不可及的大问题——未来中国国立大学的"蓝图"。这样一幅图景,即使在百年之后的今天,读起来仍让人心驰神往而倍受感动。

在留学期间形成的建设国立大学、建设世界一

---

[1] 胡适.胡适日记全编(2)[M].曹伯言,编.合肥:安徽教育出版社,2001:14.

流大学情结,促使胡适在回国就业时毫不犹豫地选择了当时国内唯一的国立大学——北京大学,作为他实现自己理想的基地。1917年6月9日,胡适离开纽约,7月10日回到上海,9月10日到达北京,就任北大教授。北大校长蔡元培先生9月12日设宴为胡适接风。9月21日,北京大学举行新学年开学典礼,胡适发表了《大学与中国高等学问之关系》的演讲,内容基本上就是他在《非留学篇》中主要观点的展开。

胡适一生在教育上的贡献最为后人所称道者是他在北京大学期间的所作所为,以及同一时期在全国教育界诸多重大活动中所发挥的影响。仔细阅读《留学日记》就可发现,胡适归国后在教育方面产生重大影响的言行,几乎都与他的七年留学生活分不开,都打上了他在异国亲身感受的深深烙印。事实上,胡适归国后在国内教育方面的一些活动和主张,许多都是他在留学期间所思、所想、所为的继续。

就北京大学的改革而言,其大端如,第一,改革年级制，推行选科制。据《蔡元培年谱》记载，1917年11月15日，北京大学开始试行选科制，这是全国高等院校中的首创。蔡元培在谈到此次改革的原因时，多次讲到：

> 发现年级制之流弊，使锐进者无可见长，而留级者每因数种课程之不及格，须全部复习，兴味毫无，遂有在教室中瞌睡、偷阅他书及时时旷课之弊，而其弊又传染于同学。适教员中有自美留学回者，力言美国学校单位制之善，遂提议改年级制为单位制，亦经专门以上学校会议通过，由北京大学试办。[1]

蔡元培的这段话包含两层意思，一是说，改年级制为选科制最初的动议者是北大刚从美国留学回来的一位教员（蔡没有具体讲出这位教员的名字，而这位教员就是胡适，后文将作交代）。二是说，此动议已经获专门以上学校会议通过，即将在

---

[1] 高平叔.蔡元培年谱长编（2）[M].北京：人民教育出版社，1998：60.

全国推行,而首先由北大试办。《蔡元培年谱长编》的上述记载与事实略有出入,1917年11月15日不是北大试行选科制的准确时间,而是教育部召集会议修改大学规程,议决"采用选科制度"的日子。何以如此重大的改革,其动议竟然出自回国仅仅三个月的胡适?1917年10月25日,胡适回复母亲的信里详细谈及此事。原来母亲来信希望他能向校方请两个月假,以便回家乡完婚。胡适早在出国前的1904年即14岁时,即由母亲做主与江冬秀女士订婚,13个年头过去了,日渐衰老多病的母亲提出这一要求实在是合情合理。但是,胡适却无法遵从母命,这封信就是向母亲解释他为什么不能长期请假的原因,其中的第三点是:

> 此次教育部因改订大学章程事,召集一会讨论此事(此会于11月15日召开——引者),适亦被请参预会事。因建议废现行之分年级制,而采用"选科制"。此议已经教育部通过,但一切细目详章尚须拟好。此为中国学制上一大革命,一切办理改革

之法,非数月所能料理。适为创议之人,当竭力筹办此事,期于一年之内可见诸实行。故决不能久离京城,头尾一个月已多,两月万不可能办到也。[1]

一封家书将此事说得再清楚不过了,留美归来的胡适正是20世纪20年代北京大学废止年级制,改行选科制的首倡者,为了参与并在全国尽快实现这场"中国学制上一大革命",胡适违背母命,推迟了婚期。

第二,倡设教授会,改革学校管理。众所周知,设立教授会,是蔡元培主持北京大学时期有关学校管理工作改革所采取的重大举措。1918年初,北京大学各学科教授会次第成立,这一举措对彻底改变清末以来充满封建色彩的大学管理方式,发挥了至关重要的作用,其影响远远超出北京大学本身。毫无疑问,没有蔡元培的高瞻远瞩,没有他的崇高威望,没有他的兼容并蓄、博采众长的办学思想,教

---

[1] 胡适.胡适书信集(上)[M].耿云志,欧阳哲生,编.北京:北京大学出版社,1996:112.

授会的设立并在学校工作中发挥作用是难以想象的,然而,最先提出设立教授会的动议者,依然是胡适。何以见得?还是在前面提及的那封给母亲的信中,胡适在解释为什么不能请两个月假回家乡完婚的原因,其中的第四点是:"大学现拟分部组织教授会,适亦为创此议之人,故非将此事办妥,不能久离京也。"[1]这里明确地讲自己是大学组织教授会的"创此议之人"。其实,胡适在这封信中所提出的四点理由全是有关工作方面的事,其中的第一点是"大学今年开课太迟,故不便多旷课";第二点是"适所任工课(原文如此——引者)不易请人代教"。四点之中,前两点是北大的具体工作,而后两点既是事关北大,更涉及全国高等教育的制度建设。五年后,胡适在北大校庆24周年纪念会上发表演说,充分肯定了"教授会"的作用:

> 我看这五年的北大,有两大成绩。第一是组织

---

[1] 胡适.胡适书信集(上)[M].耿云志,欧阳哲生,编.北京:北京大学出版社,1996:112.

上的变化,从校长学长独裁制变为"教授治校"制;这个变迁的大功效在于:(一)增加教员对于学校的兴趣与情谊;(二)利用多方面的才智;(三)使学校的基础稳固,不致因校长或学长的动摇而动摇全体。[1]

第三,发起"成美学会",开大学设置奖学金之先河。在学校中设置奖学金,资助贫寒学生完成学业,在近代中国不乏其人,一些著名学校甚至由个人捐资创办,惠及全体学生。但是,在大学里设置奖学金,特别是发起者既非家产万贯的实业家,也非俸禄丰厚的达官贵人,而仅仅是一介工薪阶级者,则自胡适始。1918年2月25日《北京大学日刊》第76号登载一则消息:"本校教员胡适之先生及职员郑阳和先生,近发起一成美学会。"该则消息后附有《成美学会缘起》及《成美学会组织》章程30条。同期的《北京大学日刊》刊登了胡适的一篇文章《介

---

[1] 胡适.胡适文集(11)[M].欧阳哲生,编.北京:北京大学出版社,1998:104.

绍成美学会》,谈到发起成立这一组织的原因:

> 西洋各国学校多以此种私人捐助之津贴费,而尤以美国为最多,其法大抵由私人捐款于学校指定为某科学生或某籍学生之习某科者之津贴,由学校之考选合格之自费学生而给与之。……吾国今日虽有各省官费资送学生之法,而绝少私家津贴之举。即间有之,亦仅视为个人慈善事业,既无组织,又无群力以为之助,故所被甚寡,收效亦微。今"成美学会"之设欲以群力经营此种事业,有此永久之机关,则有志向学者,随时皆有请费之所,用集腋裘成之法,则捐款者无论多寡皆可收育才之效。其用意在于补今日学制之缺陷而应社会之需要。[1]

在这里胡适讲得很明白,"私人捐助之津贴费,而尤以美国为最多"。《留学日记》中多有这方面的记载。胡适此举得到蔡元培的大力支持,蔡不仅列

---

[1] 王学珍,郭建荣.北京大学史料(1912—1937)[M].北京:北京大学出版社,2000:2785.

名为赞成人,并首先捐款100元,一次交清。"成美学会"成立后,陆续收到教职员工的捐款,至同年5月,已收得助款票洋七百余元,现洋二百余元。考虑到北大贫苦学生为数不少,5月3日,北大评议会开会议决,将"成美学会"收归学校主办,以扩大其效用,并推定胡适等四位教授将原章程适当修改。[1]从此,北京大学有了第一个以教职员捐款为主的资助贫困学生完成学业的专门机构,在全国的高等院校中亦为首创。1922年3月,北京大学公布《国立北京大学助学金及奖学金条例》,其中助学金是为了帮助毕业生继续求学而设,而奖学金则是奖励毕业学生在学术上的贡献,此条例草案即由胡适拟定。

第四,重视大学的科学研究,强调北京大学的任务不是"裨贩学术"而是"创造学术"。胡适在北大期间的另一重要贡献就是积极协助蔡元培创办各类研究机构,努力增强师生科学研究的兴味,提高北京大学的学术水平。蔡元培曾说:

---

[1] 高平叔.蔡元培年谱长编(2)[M].北京:人民教育出版社,1998:82.

自入北大以后,乃计议整顿北大的办法:第一,我拟办的是设立研究所,为教授、留校毕业生与高年级学生的研究机关。[1]

1917年胡适到校后不久即创办哲学研究所并担任主任,此后,北大成立国学研究所,他被蔡元培举为编辑部主任,主编《国学季刊》。1920年9月,在北大开学典礼上,胡适发表了一篇演讲,题目是《提高和普及》,论及普及与提高的关系。他的基本观点是:

只有提高才能真普及,越"提"得"高",越"及"得"普"。……桌上的灯决不如屋顶的灯照得远,屋顶的灯更不如高高在上的太阳照得远,就是这个道理。[2]

---

[1] 蔡元培.蔡元培全集(8)[M].中国蔡元培研究会,编.杭州:浙江教育出版社,1997:276.
[2] 胡适.胡适文集(12)[M].欧阳哲生,编.北京:北京大学出版社,1998:436.

作为一所国立大学,"我们没有文化,要创造文化;没有学术,要创造学术;没有思想,要创造思想。要'无中生有'地去创造一切"。[1] 两年后,在1922年9月北大开学典礼上,胡适再次谈到北大的学术现状,表示了深深的忧虑:

> 近人说,"但开风气不为师"(龚定庵语)。此话可为个人说,而不可为一个国立大学说。然而我们北大这几年的成绩只当得这七个字:开风气则有余,创造学术则不足。这不能不归咎于学校的科目了。我们有了二十四个足年的存在,而至今还不曾脱离"禅贩"的阶级!……这不是我们的大耻辱吗?……祝北大早早脱离禅贩学术的时代,而早早进入创造学术的时代。[4]

可以说,在胡适的心目中,时时悬一把北大建设

---

[1] 胡适.胡适文集(12)[M].欧阳哲生,编.北京:北京大学出版社,1998:436.
[4] 胡适.胡适文集(11)[M].欧阳哲生,编.北京:北京大学出版社,1998:104—105.

成如哈佛、剑桥、牛津、柏林等一流大学的理想,担当起创造文化、创造学术、创造思想、再造文明的重任。

蔡元培对胡适在推动北大学术发展方面的作用给予很高的评价:

> 胡君真是"旧学邃密"而且"新知深沉"的一个人。[1]

> 北大关于文学、哲学等学系,本来有若干基本教员,自从胡适之君到校后,声应气求,又引进了多数的同志,所以兴会较高一点。[2]

此外,胡适也是主张大学应对女生开放的最早倡议者之一。他有关女子教育观念的形成,同样受留美生活的影响。在《留学日记》中有如下记载:

> 吾自识吾友韦女士以来,生平对于女子之见解

---

[1] 蔡元培.蔡元培全集(7)[M].中国蔡元培研究会,编.杭州:浙江教育出版社,1997:501.
[2] 同上:505—506.

为之大变,对于男女交际之关系亦为之大变。女子教育,吾向所深信者也。唯昔所注意,乃在为国人造良妻贤母以为家庭教育之预备,今始知女子教育之最上目的乃在造成一种能自由能独立之女子。国有能自由独立之女子,然后可以增进其国人之道德,高尚其人格。盖女子有一种感化力,善用之可以振衰起懦,可以化民成俗,爱国者不可不知所以保存发扬之,不可不知所以因势利用之。[1]

1919年9月胡适在《少年中国》发表文章,明确表示"我是主张大学开女禁的",并详细提出了实现开放女禁的具体步骤:第一步当延聘有学问的女教授,不论是中国女子或外国女子,这是养成男女同校的大学生活的最容易的一步;第二步大学应当先收女子旁听生;第三步应及早研究、修改现行女子学制,提高女子中学的程度。[2] 正是在胡适等

---

[1] 胡适.胡适日记全编(2)[M].曹伯言,编.合肥:安徽教育出版社,2001:299—300.
[2] 胡适.胡适文集(11)[M].欧阳哲生,编.北京:北京大学出版社,1998:44.

人的大力支持下,1920年秋,北京大学正式招收女生,实现了蔡元培"素来主张男女平等"的愿望,开创民国教育史上一个新纪元。

胡适在积极投身北京大学教育改革的同时,广泛地参与了20世纪二三十年代中国教育界的历次重大改革活动,始终是一位时代的弄潮儿。胡适回国之初即被聘为中华民国国语研究会会员;此后又成为教育部下属的国语统一筹备会会员,多次应邀在教育部举办的国语讲习所讲演,这是由于他在留学期间撰写并发表的大量有关语言文字、白话文、标点符号和拼音字母的论文,引起了国内同行的高度关注,产生重大影响。众所周知,上述内容都是新文化运动、五四运动和20年代教育改革的重要议题。胡适邀请美国著名教育家杜威来华讲学,从迎接到欢送,几乎全程陪伴了杜威在华的所有活动。他曾说:"自从中国与西洋文化接触以来,没有一个外国学者在中国思想界的影响有杜威先生这样伟大的。"[1]

---

[1] 胡适.胡适文集(2)[M].欧阳哲生,编.北京:北京大学出版社,1998:279.

我们可以说,在宣传、介绍杜威实用主义教育理论方面,在中国没有一位教育家像胡适那样不遗余力。胡适还是1922年新学制草案的最终定稿者。他受第八届全国教育会联合会大会委托,根据会议讨论结果拟写的修正学制系统草案,"共费了八小时,至夜半一点半钟,方才完稿"。[1]而这个草案几乎就是1922年11月2日正式颁布并对中国现代教育产生长期影响的《学校系统改革案》的原本。这个学制最受后人称道,有时也最为后人所指责者,均为"美国影响",而胡适就是使这部学制蒙上"美国影响"的最重要人物之一。

1917年3月,正在准备归国的胡适在日记中记下了原出《伊利亚特》而为19世纪牛津运动之领袖纽曼(C. Newman)所常说的格言:"如今我们已回来,你们请看分晓罢。"认为此语"可作吾辈留学生之先锋旗也"。[2]综观胡适回国后在教育界的所

---

[1] 胡适.胡适日记全编(3)[M].曹伯言,编.合肥:安徽教育出版社,2001:828.
[2] 胡适.胡适日记全编(2)[M].曹伯言,编.合肥:安徽教育出版社,2001:556.

作所为,在中国教育早期现代化的历史进程中,他确实无愧于"先锋旗"的称号。阅读其《留学日记》,比照其归国后有关教育的种种言行,是我们了解其教育思想形成、发展脉络,全面评价这位教育家历史贡献的一个很好的视角。

理念·境界·情操

——《竺可桢日记(1936—1946)》阅读札记

2015年是世界反法西斯战争和中国人民抗日战争胜利70周年，也是竺可桢诞辰125周年。阅读竺可桢在昏暗的煤油灯下写下的数百万言日记，缅怀他在战火纷飞的艰苦岁月里作为一位国立大学校长所走过的不平凡的人生历程，让我对这位著名的教育家充满了由衷的敬意。竺可桢身上体现出来的一位大学校长的家国情怀，他的追求真理、培育英才、转移风气、报效国家的办学理念，他的"只问是非，不计利害"的精神境界，他的克己奉公、清正廉洁、襟怀广阔、平易近人的道德情操，不仅是中国教育史上一份弥足珍贵的遗产，更是21世纪建设高等教育强国的征途中，我们亟待认真发掘、充分利用的宝贵的本土资源。

竺可桢(1890—1974),字藕舫,浙江绍兴东关镇(今属上虞)人。我国近代著名科学家、教育家。1910年9月,竺可桢作为第二批庚款留学生赴美,先入伊利诺伊大学农学院,选习农学专业。三年后,进入哈佛大学研究院地学系,攻读气象学。1915年获硕士学位,1918年以论文《远东台风的新分类》获哈佛大学博士学位。1918年秋,竺可桢回国,先后在武昌高等师范学校、南京高等师范学校(1921年改为东南大学)、南开大学等高等院校任教。在东南大学,竺可桢创办了中国高等教育体系中的第一个地学系,为中国现代地理学和气象学的发展培养了最早一批专门人才。1936年4月,竺可桢受命出任浙江大学校长,直至1949年4月,主持浙大校务整整13年。1927年,竺可桢应蔡元培之邀参与中央研究院的筹备工作,1928年至1946年间,他一直担任中央研究院气象研究所所长,自1935年起任中央研究院评议会评议员,1948年被推举为中央研究院院士。中华人民共和国成立后,竺可桢出任中国科学院副院长。1955年当选为中国科学院学部委员,兼任生物学地学部主任直至逝世。

竺可桢从留学时代起即养成写日记的习惯,[1]一直坚持到他去世的前一天,60余年从未间断。不幸的是由于种种原因,1936年以前的日记未能保存下来。尽管如此,由中国科学院《竺可桢全集》编辑委员会编辑、上海科技教育出版社在2005年至2013年间陆续出版的《竺可桢全集》,收集了竺可桢1936年1月1日至1974年2月6日期间的全部日记(仅缺1941年1月1日至15日部分)近1 300万字,仍然是目前我们所能见到的时间跨度最大、文字篇幅最长的近代学人日记之一。正如《竺可桢全集》编者所指出的:

> 以竺可桢的社会地位、人脉关系和丰富阅历而论,以其日记的连续性和系统性而论,目今可见国人之日记,恐难有与其比肩者。[2]

---

[1] 竺可桢.竺可桢日记(第1册)[M].北京:人民出版社,1984:1.
[2] 竺可桢.竺可桢全集(第6卷)[M].上海:上海科技教育出版社,2005:12.

可以说,《竺可桢日记》的刊行,为我们开启了一个探索和研究20世纪中国科技史、教育史、文化史、社会史的魅力无穷的宝库。

作为一位中国近代著名教育家,竺可桢的业绩、思想和境界主要体现在他主持浙江大学校政的13年中,而其中最令后人景仰、最能给人以无穷启迪和感召的是他在抗日战争期间,率领浙江大学全体师生,跨越五省,四度搬迁,往返行程3 000余公里,历尽千辛万苦的"文军长征"。正是在这个过程中,他个人经历了包括丧妻失子之痛在内的精神上、身体上的磨难与修炼,付出了巨大的心血,由年富力强的壮年而两鬓斑白、"老态日甚"。他主持下的浙江大学则由西迁前的3个学院、16个学系,70名教授、副教授,512名学生的规模,发展为7个学院、27个学系,1个研究院、4个研究所、5个学部、1个研究室、1所分校、1所附属中学,教授、副教授201人,学生2 171人的规模。[1] 更为重要的是,

---

[1] 浙江大学校史编写组.浙江大学简史(第1、2卷)[M].杭州:浙江大学出版社,1996:75.

在战火纷飞、颠沛流离的空前民族灾难中,浙江大学由一所地方性大学跻身于中国著名大学之一,受到国际学界的关注。据《竺可桢日记》1944年12月18日记载:

> 见十二月十六日《贵州日报》载尼德汉[李约瑟](Needham)回英国以后在中国大学委员会讲演,赞扬我国科学家,并谓联大、浙大可与牛津、剑桥、哈佛媲美云云。[1]

1945年10月27日出版的英国《自然》周刊上发表了李约瑟的《贵州和广西的科学》一文,再提此事:

> 浙江大学位于重庆和贵阳间的遵义,是中国四个最好的大学之一。[2]

---

[1] 竺可桢.竺可桢全集(第9卷)[M].上海:上海科技教育出版社,2006:245.
[2] 浙江大学校史编写组.浙江大学简史(第1、2卷)[M].杭州:浙江大学出版社,1996:76.

浙江大学在抗战中的这段经历,不仅在自身百年发展进程中留下浓墨重彩的一笔,也在中国高等教育发展史上谱写了让人回味无穷的篇章。2015年是世界反法西斯战争和中国人民抗日战争胜利70周年,翻检70年前竺可桢在日寇飞机轰炸的间隙,在昏暗的煤油灯下书写的这些日记,不仅使我们对现代大学在国家、民族生存发展中的使命和担当有了更深刻的理解,而且对现代大学校长应该具备的精神境界和道德情操有了更生动而具体的感悟。

一、大学使命:追求真理、培育英才、转移风气、报效国家

1936年4月7日,国民政府行政院政治会议任命竺可桢为浙江大学校长,竺可桢4月16日接到教育部委任状,4月25日正式到校视事。据《竺可桢日记》1936年4月25日条记载:

> 三点至文理学院新教室三楼开茶话会,到教职

员八十余人。……四点散。至体育馆,适浙大与[圣]约翰比赛篮球,时尚未完,结果为43：18,浙大负。四点一刻余演讲约四十分钟,述办教育之方针。[1]

竺可桢与浙大师生首次见面的谈话内容可以归纳为三个方面。

第一,明确提出:"办中国的大学,……我们应凭藉本国的文化基础,吸收世界文化的精华,才能养成有用的专门人才;同时也必根据本国的现势,审察世界的潮流,所养成人才才能合乎今日的需要。"

第二,大学生应"为学问而努力,为民族而奋斗"。在演讲中竺可桢特别列举黄梨洲、朱舜水等浙江先贤的事迹,勉励同学:"梨洲、舜水二位先生留给我们的教训,就是一方为学问而努力,一方为民族而奋斗。"作为一名大学生,必须养成"明辨是非,静观得失,缜密思虑,不肯盲从的习惯"。"唯有

---

[1] 竺可桢.竺可桢全集(第6卷)[M].上海:上海科技教育出版社,2005:62.

能思想才不至于盲从,亦唯有能思想才能作有效的行动,应付我们艰危的环境。"

第三,强调办理大学的三大要素:"一个学校实施教育的要素,最重要的不外乎教授的人选,图书仪器等设备和校舍建筑。这三者之中,教授人才的充实,最为重要。"

这是因为:"教授是大学的灵魂,一个大学学风的优劣,全视教授人选为转移。假使大学里有许多教授,以研究学问为毕生事业,以作育后进为无上职责,自然会养成良好的学风,不断地培植出来博学敦行的学者。"[1]竺可桢的这篇讲话先是以《竺校长训词》为题刊载于《国立浙江大学校刊》,之后被《国风月刊》全文转载。四年之后的1941年9月,又被在贵州遵义复刊后的《浙大学生》再次刊布。可以看出,这篇讲话在竺可桢主持浙江大学期间所发挥的重要作用,事实上,竺可桢本人就把这次演讲看作是向世人宣告他的治校方略,所以在讲

---

[1] 竺可桢.竺可桢全集(第2卷)[M].上海:上海科技教育出版社,2004:332—338.

演的当天,他便在日记中留下了"余演讲约四十分钟,述办教育之方针"的记载。

竺可桢是46岁时被任命为浙江大学校长的,虽然此前没有担任大学校长的经历,但如前所述,他回国之后曾先后在多所大学从事教学科研工作,也曾任东南大学、中央大学地学系主任。更为重要的是,八年的美国留学生活,使他有机会对世界著名大学的办学理念有切身的观察和体验。胡适1915年1月20日的日记为我们描绘了这样一幅图景:从康乃尔来到剑桥的胡适,这一天与在哈佛大学留学的几位同学相聚畅谈,"滔滔不绝"。"是夜,所谈最重要之问题如下:一、设国立大学以救今日国中学者无求高等学问之地之失……"[1]27年后,《竺可桢日记》1942年12月13日条有如下记载:

> 阅适之《藏晖室札记》卷八(《藏晖室札记》后收入《胡适日记》中——引者),述及适之于民国四冬

---

[1] 胡适.胡适日记(2)[M].合肥:安徽教育出版社,2001:14.

过剑桥,一月二十晚余宴之于红龙楼,同席七人。适之与郑莱谈话最多,谈及国立大学等事云。[1]

可见此次聚会是由竺可桢做东,主要讨论的是创办国立大学的事。在波士顿寒冷的冬夜,在哈佛大学的留学生公寓,一群二十几岁的青年,兴奋地讨论着一个在常人看来与他们遥不可及的大问题——未来中国国立大学的"蓝图"。46年之后,1961年12月30日,竺可桢在向科学院党组织提交的《思想自传》里,从一个特殊的角度诠释了他们热烈讨论的创办国立大学问题:

我认哈佛为我的母校,我回国以后在大学里教书或是办行政,在研究院办研究所,常把哈佛大学做我的标准。哈佛大学便成了我的偶像。……我到浙大后,不但把美国哈佛大学所提倡的学术自由和"为学问而学问"这套资本主义国家文化遗毒加

---

[1] 竺可桢.竺可桢全集(第8卷)[M].上海:上海科技教育出版社,2006:443.

以宣扬,而且把过去东大反动守旧的传统也带到了浙大。[1]

在这份类似检查的《思想自传》中,这位诚实的科学家道出了他主持浙大期间心中追求的目标。

翻检竺可桢抗战期间的日记,随处都可以看到哈佛大学的"身影":

> 哈佛大学的校训[Veritas],拉丁字 Veritas 就是真理。我们对于教育应该采取自由主义或干涉主义,对于科学注重纯粹抑注重应用,尚有争论的余地,而我们大家应该一致研究真理、拥护真理,则是无疑义的。[2]

浙大从求是书院时代起到现在可以说已经有了四十三年的历史。到如今"求是"已定为我们的校训。何谓求是? 英文是 Faith of Truth。美国最

---

[1] 竺可桢.竺可桢全集(第4卷)[M].上海:上海科技教育出版社,2004:89—93.
[2] 竺可桢.竺可桢全集(第2卷)[M].上海:上海科技教育出版社,2004:370.

老的大学哈佛大学的校训,意亦是"求是",可谓不约而同。[1]

在1916年,罗威尔开美国各大学风气之先,在哈佛大学实行导师制,又令文科学生对于社会科学须经过一种普通考试。……这种导师制和普通考试的办法,对于提高学生程度有不少功效。……他[继任校长康诺德(Conant)]办学的方针,……主要的有两点。第一,主张学校思想之自由,即所谓Academic Freedom。反对政党和教会的干涉学校行政与教授个人的主张。第二,学校所研究的课目,不能全注重于实用,理论科学应给予以充分发展之机会。[2]

八点回。阅哈佛大学Conant校长报告及Illinois之校闻。[3]

八点至大原书院。阅一个月来寄来之各项报纸

---

[1] 竺可桢.竺可桢全集(第2卷)[M].上海:上海科技教育出版社,2004:461.
[2] 同上:370.
[3] 竺可桢.竺可桢全集(第6卷)[M].上海:上海科技教育出版社,2005:280.

与杂志,见哈佛同学会寄来之 What is a University《大学是什么》。[1]

八点半至校。阅《哈佛大学同学会会报》九期中有教务长之报告,知行政方面采取 student council 学生会之意见颇多,查 council 与浙大之[学生]自治会相若。据年报所述,则 council 所注意者为学生之选课问题及膳食问题。谓目前哈佛大学之选课办法。不能使学生对于学问有统盘的概观,此在哈佛大学学生已有觉悟,而我校学生则初尚无此等觉悟也。[2]

晚阅 Harvard Report on the General Education 哈佛关于通人教育的报告。第二章 p.54,谓所谓通人教育,其目的在使民主国之国民能对于选人、择业知所取舍。[3]

---

[1] 竺可桢.竺可桢全集(第6卷)[M].上海:上海科技教育出版社,2005:560.
[2] 竺可桢.竺可桢全集(第8卷)[M].上海:上海科技教育出版社,2006:94.
[3] 竺可桢.竺可桢全集(第9卷)[M].上海:上海科技教育出版社,2006:592.

　　日记中的这些片断,涉及大学的目标、学生的通才教育、导师制、学生的选课办法等,可以说都是20世纪30年代世界高等教育改革中最受关注的问题。尽管由于战争的影响,与国际学术界的联系非常不便,但竺可桢总是千方百计地获取这些最新的信息以为自己办学的借鉴,日记中经常留下他阅读《科学》《自然》《哈佛大学同学会报》《耶鲁评论》《大西洋月刊》《英国教育》《读者文摘》等报刊所做的读书札记。有时候出差在外一段时间,回来后的第一任务便是到图书馆集中阅读新到的报刊,使自己能够紧紧把握世界著名大学的最新发展动态并将之贯彻到办学实践中。

　　同时,竺可桢深知,浙江大学是中国的国立大学,"吸收世界文化的精华"一定要"凭藉本国的文化基础";在中国正处于全民族抵御日本帝国主义侵略的非常时期,大学应该站在全民族抗战的前列,以自己特殊的形式做出贡献。在与浙大学生第一次见面时的讲演中他就宣布:

办理教育事业,第一须明白过去的历史,第二应了解目前的环境。办中国的大学,当然须知道中国的历史,洞明中国的现状。[1]

阅读上千万字的《竺可桢日记》,给人留下最深刻的印象就是,作为一位受过完整的现代教育的科学家,竺可桢的中国传统文化底蕴是那么深厚,他对中国传统典籍是那么熟悉,他对中国传统文化和教育所采取的了解的同情和去粗取精的态度是那么具有说服力。在抗战期间的日记中,随处可以看到他阅读传统文化教育典籍的记载,《大学》《论语》《孟子》《诗经》《史记》《后汉书》《论衡》《陶渊明集》《剑南诗篇》《苏东坡集》《朱子全书》《王文成公文集》《颜习斋言行录》《曾文正公家书》《饮冰室文集》等,是他在不同时期、针对不同环境而最常阅读的几种典籍。竺可桢重温或者反复阅读这些典籍,有时是为了准备给师生作报告,有时是为了写文章,

---

[1] 竺可桢.竺可桢全集(第2卷)[M].上海:上海科技教育出版社,2004:332.

更多的则是为了从中汲取智慧,吸收营养和获得精神力量,并把学习思考所得与他对西方一流大学的观察体验比较鉴别,兼采中西,融汇古今,铸成他的办学理念、人才目标、治校方略。他说:

> 大学的目标,据我国古代传统的观念是在培养道德,《礼记·大学篇》开宗明义就说:"大学之道,在明明德,在亲民,在止于至善。"……到宋明两代的理学家,虽有朱陆之争,朱晦庵一派主张"道问学",陆子静一派主张"尊德性"。但实际两派教人的目标还是一样,统要学做圣人。所以王阳明就说:"道问学即所以尊德性。"……可见我国自古为学,是以明德为目标,圣人为模范。此与欧洲传统的看法完全不同。希腊哲学家崇拜理知,推崇真理。亚里士多德的《伦理学》书中说:"至善的生活乃是无所为而为的观玩真理的生活。"柏拉图在他《伦理》一书中亦说:"理知者固当君临一切者也。"罗马哲学家西塞禄(今译西塞罗——引者),以为人生除满足生养之欲望以外,惟以求真理为第一要

义。……到十九世纪中叶,纽曼主教写《大学教育之性质与范围》一书,尚说大学教育是培养理智,而非培养道德。[1]

在这里,竺可桢把中国传统大学理念归结为"培养道德",西方大学理念归结为"培养理智"。他认为,从根本上讲,中西大学的理念是相通的,"若是一个大学能彻底的培养理知,于道德必大有补益",[2]因为那些勇于为真理而献身的贤哲,无论是古希腊的苏格拉底,意大利的布鲁诺,还是中国的文天祥、史可法,他们之所以能具有如此高尚的道德情操,是因为他们崇拜理知,推崇真理。他论证说:

> 凡是有真知灼见的人,无论社会如何腐化,政治如何不良,他必能独行其是。唯有求真心切,才能成为大仁大勇,肯为真理而牺牲身家性命。[3]

---

[1] 竺可桢.竺可桢全集(第2卷)[M].上海:上海科技教育出版社,2004:639.
[2][3] 同上:640.

因此,"大学之最大目标是求真理。这可以说是理知的,但亦可以说是道德的,所以道问学,即是尊德性"。[1] 就这样,竺可桢凭借自己深厚的传统文化底蕴和对西方一流大学精髓的理解,把"道问学"与"尊德性"融为一体,确立"求是"二字为浙江大学的校训。他说:

所谓求是,不仅限于埋头读书或是实验室做实验。求是的路径,中庸说得最好,就是"博学之,审问之,慎思之,明辨之,笃行之"。单是博学审问还不够,必需审思熟虑,自出心裁,独著只眼,来研辨是非得失。既能把是非得失了然于心,然后尽吾力以行之,诸葛武侯所谓"鞠躬尽瘁,死而后已",成败利钝,非所逆睹。[2]

"求是"者,即研究真理、拥护真理、追求真理而

---

[1] 竺可桢.竺可桢全集(第2卷)[M].上海:上海科技教育出版社,2004:640.
[2] 同上:461.

无所畏惧者也。

竺可桢明确提出,一个大学最重要的目标是追求真理,那么,这种目标是如何实现的呢?他认为,是通过培养一批又一批有独立思想,有精深专业知识,人格高尚,不为习俗所囿,不崇拜偶像,不盲从潮流的领导人才来实现的。他反复强调:

> 大学之使命有三:其一,希望造就完人。……其二,学有专长,而于大学中植其基。……其三,养成自己能思想之人,而勿蕲教师逐字释义。[1]
>
> 大学教育之目的,在于养成一国之领导人材,一方面提供人格教育,一方面研讨专门智识,而尤重于锻炼人之思想,使之正大精确,独立不阿,遇事不为习俗所囿,不崇拜偶像,不盲从潮流。[2]

如前所述,竺可桢受命主持浙江大学校政的时

---

[1] 竺可桢.竺可桢全集(第2卷)[M].上海:上海科技教育出版社,2004:563.
[2] 同上:244.

候,正值日本帝国主义加紧侵华,国家、民族命运到了最危急的时刻。作为一名国立大学的校长,他所提出的大学目标,他对人才培养的要求,在继承、吸收古今中外优秀思想的同时,特别融入了对现实的关怀。《竺可桢日记》1937年10月25日条记载:

> 九点至总办公处,……由余作演讲,题为"大学生之责任",讲约三刻钟。[1]

演讲的对象是浙大一年级新生,受战争影响,这些新生已经不能在杭州入学,搬迁到天目山禅源寺。竺可桢说:

> 国家为什么要化费这么多钱来培植大学生?为的是希望诸位将来能做社会上各业的领袖。在这困难严重的时候,我们更希望有百折不挠、坚强刚果的大学生,来领导民众,做社会的砥柱。所以

---

[1] 竺可桢.竺可桢全集(第6卷)[M].上海:上海科技教育出版社,2005:389.

诸君到大学里来,万勿存心只要懂了一点专门技术,以为日后谋生的地步,就算满足。[1]

1938年6月26日,辗转迁徙中的浙江大学在江西泰和举行第11届毕业典礼,竺可桢致辞劝勉毕业生:

诸位同学,今天是本校举行第十一届毕业典礼,正值日寇猖獗万方多难的时候,诸位毕业初入社会,就遇到国难,因此诸位的责任,就格外的重大。我们晓得范文正公为秀才时,即以天下为己任。现在诸位离校以后,每个人也应该以使中华民族成为一个不能灭亡与不可灭亡之民族为职志。[2]

1939年11月1日,浙江大学在广西宜山举行开学式。江西和广西两省是与明代著名思想家王

---

[1] 竺可桢.竺可桢全集(第2卷)[M].上海:上海科技教育出版社,2004:441.
[2] 同上:446.

阳明"关系最多之地",王阳明是浙江人,竺可桢本人对这位乡贤怀有崇高的敬意,一部《王文成公文集》在战乱中随身携带,反复阅读。在这次开学式上,竺可桢从"致知力学的精神""内省力行的功夫""艰苦卓绝的精神""公忠报国的精神"四个方面介绍了王阳明一生的事业和学问,告诫同学们:

> 大学教育的目标,决不仅是造就多少专家如工程师医生之类,而尤在乎养成公忠坚毅,能担当大任,主持风尚,转移国运的领导人才。……综观阳明先生治学、躬行、艰贞负责和公忠报国的精神,莫不足以见其伟大过人的造诣,而尤足为我们今日国难中大学生的典范。学者要自觉觉人,要成己成物,必须取法乎上,而后方能有所成就。当然我们所可取法所应取法的先哲很多,不过这里只举王阳明先生一人之居常处变立身报国的精神,已足够使我们感奋,而且受用不尽了。[1]

---

[1] 竺可桢.竺可桢全集(第2卷)[M].上海:上海科技教育出版社,2004:455.

最后,竺可桢勉励师生学习王阳明,为西南地区的文化发展做出贡献:

> 阳明先生在广西贵州各约二年,其流风余韵,至今脍炙人口[久]而不衰。现在浙大迁来广西,同时还有许多大学因战事而迁西南各省……如果各大学师生皆能本先生之志,不以艰难而自懈,且更奋发于自淑淑人之道,协助地方,改良社会,开创风气,那么每个大学将在曾到过的地方,同样的留遗了永久不磨的影响,对于内地之文化发展,定可造成伟大的贡献。[1]

追求真理,培养以天下为己任、能独立思考的领袖人才,引领风尚,转移国运,做民族危难的中流砥柱,这就是竺可桢心目中的大学使命。抗日战争期间艰苦跋涉、迁徙辗转中的浙江大学弦歌不辍、人才辈出、卓然崛起,就是对竺可桢秉持的大学使命的最好诠释。而竺可桢对大学使命的这种感悟,

---

[1] 竺可桢.竺可桢全集(第2卷)[M].上海:上海科技教育出版社,2004:455.

饱含着他对世界先进高等教育理念的体验吸收,熔铸了他对深厚的中国传统文化资源的汲取创造,更体现出他个人的精神境界和道德情操。

二、精神境界:只问是非,不计利害

作为20世纪三四十年代的一所国立大学,浙江大学的崛起固然需要主持校政者具有高瞻远瞩的世界眼光和深厚的传统文化积淀,有对大学使命的正确认知和先进的教育理念;但是,仅有这些仍然是不够的,因为它的实现离不开现实的政治生态、社会生态和学术生态。当时中国现实的政治生态是,"一个党、一个主义、一个领袖"的框架已然形成,国民党努力把自己的统治触角延伸到高等教育领域;现实的社会生态是经济落后、社会动荡、日本帝国主义的侵略步步紧逼,国家形式上的统一之下暗潮涌动;现实的学术生态是学术对政治、对权势的附庸,学者从政几乎成了普遍的现象。当然,在上述诸多因素之中,对大学发展影响最大的因素是政治

生态。在这种环境下,一所大学的主持者要想实现自己的理想和抱负,在我看来,其最困难之处不在于如何与"政治""政党""政府"划清界限,千方百计地"摆脱"政治的困扰与干预,保持大学的"独立""清高",而是在于,在坚持自己理想、原则的前提下,积极而有效地化解政治因素的负面影响,协调好政治与学术的关系,充分调动和利用政治资源,为实现自己的理想和抱负服务。浙江大学在抗战期间得到迅速发展,与竺可桢本人在纷繁复杂的政治生态环境中,坚持"只问是非,不计利害"的处事原则和精神境界有着极大的关系,从一定意义上讲,正是竺的这种精神境界引导着浙江大学一方面坚持自己的理念和使命,另一方面比较好地处理学术与政治、学校与政府的关系,渡过发展进程中的各种难关。

竺可桢曾在多种场合对"只问是非,不计利害"做过解释:

> 科学精神是什么?科学精神就是"只问是非,不计利害"。这就是说,只求真理,不管个人的利

害,有了这种科学的精神,然后才能够有科学的存在。……科学如此,政治亦然,若不以是非之心,而以好恶之心来治国家,也不行的。中国人最爱讲情面,情面就是与科学精神相反的。所以一讲情面,就什么事情最后非失败不可。故"是非与利害"的辨别,是很值得我们注意的一件事。[1]

十二点与学生讲演,……我校求是精神,即只知是非,不顾利害。诸葛亮之"成败利钝,非所逆睹;鞠躬尽瘁,死而后已",即此意也。《孟子》"其父攘羊,其子告之",亦是求是精神。[2]

预备"近代科学之精神"演讲,……谓科学之精神在于不顾利害以求真理,祛除成见以就理智,及实事求是,知之为知之、不知为不知。[3]

这就是竺可桢所坚守的"只问是非,不计利害"

---

[1] 竺可桢.竺可桢全集(第2卷)[M].上海:上海科技教育出版社,2004:238—239.
[2] 竺可桢.竺可桢全集(第8卷)[M].上海:上海科技教育出版社,2006:64.
[3] 同上:74.

的原则和精神境界。从这一立场出发,来处理个人好恶、个人情感、个人利益与学校发展、国家民族利益的关系。

在接任浙江大学校长之前,竺可桢曾有许多顾虑,不愿意离开由他一手开创的中国现代气象事业是其一;两地兼职往来奔波影响个人生活和健康是其二;作为一名科学家,个人在性格上"不善侍候部长、委员长等,且亦不屑为之"[1]是其三,等等。但是,当他一旦认识到浙江"需一大学为中流砥柱",通过自己的努力可以为浙江的文化教育事业做点贡献,办好浙江大学有助于"使我们国家能建设起来成为世界第一等强国"的大局之后,毅然受命于危难之际。当时有人告诉他,身兼二职(指浙大校长和中央研究院气象研究所所长)可以有更多的机会接近蒋介石本人,非常有利于个人的发展,竺可桢明确表示"此事不能[从]利害方面着想"。[2] 接

---

[1] 竺可桢.竺可桢全集(第6卷)[M].上海:上海科技教育出版社,2005:30.
[2] 同上:35.

手浙大校政之前,竺可桢曾通过陈布雷之口向最高当局表达了三层意思:

> 余提三要求,三点即:财政须源源接济;用人校长有权,不受政党之干涉;而时间则以半年为限。[1]

任职之后他深知,口头承诺的不足为凭,作为体制内的一名国立大学校长,他必须隐忍甚至改变自己不善于也不屑于与政府官员、部长甚至是委员长本人打交道的个性,才能为学校发展获取必需的资源和空间。从这一时期的《日记》中可以看出,为了浙大的办学经费问题、用人问题、建校用地问题、师生安全问题等,他曾多次拜访、周旋甚至请托于国民政府教育部、资源委员会、行政委员会、军政部、委员长侍从室的官员,也曾数次直接向蒋介石本人寻求支持。

《竺可桢日记》1936年10月15日条下记载:

---

[1] 竺可桢.竺可桢全集(第6卷)[M].上海:上海科技教育出版社,2005:35—36.

适接蒋院长寓来电,知其将[来]校。……随从来者约七八人,布雷亦陪同而至。先至校长办公室,余即谈及扩充校舍须将火药库即军械局之地[纳入],蒋先生即允可无问题。其次谈及经费,余谓临时费非于一二年中大加扩充,则校舍无从建筑,渠以本年无办法,俟诸下年度。次即出至文理学院教室、图书馆、物理室视察一周,藉可知屋宇之零落,渠即谓确非加新建筑不可。[1]

这是竺可桢上任半年后第一次面见蒋介石,他提了三个要求,除第三点拟请蒋给学生作报告未能实现外,至关重大的校舍扩建用地问题和学校临时费问题都得以解决。

1943年5月2日条下记载:

中午,委员长约在训练团之专科以上校长十九人及布雷、立夫中膳,……膳后委员长对于大学,主

---

[1] 竺可桢.竺可桢全集(第6卷)[M].上海:上海科技教育出版社,2005:163.

张提倡尊师重道,学生守纪律知卫生。校中应常有卫生讲演,校长应主持伦理一科,至少应相当时期讲一次,纪念周必须按期举行。未提及教员待遇问题或经费。余明知此为逆耳之言,但此为各校最迫切之问题,不得不提。故进言教职员入不敷出,不能维持生活之困难。委座意一般解决甚难,唯有特殊困难,尤其关于家族生活者,可以径向委座请款云。[1]

这是在会议上不计个人利害,不考虑个人影响,代表全国高等教育界,向蒋介石提出蒋本不愿意涉及的话题。

有时则是通过各种关系向蒋为浙大争取经费。1944年11月3日条下记载:

寄叔谅函,嘱布雷向委员长为浙大请文化讲座

---

[1] 竺可桢.竺可桢全集(第8卷)[M].上海:上海科技教育出版社,2006:557.

奖金,每月卅万元,以为教职员加津贴地步。[1]

叔谅即陈训慈,竺可桢东南大学时的学生,时在委员长侍从室任职,陈布雷之弟。

在整个抗战期间,由于竺可桢仍然兼任中央研究院气象研究所所长一职,每年需有一至两个月的时间到重庆处理气象研究所的日常工作和参加中央研究院、教育部的各种会议。查阅竺可桢每年这一段时间的日记,就会发现他特别忙碌,总是抓住一切机会走访各部门,并利用熟人、同学、同乡、校友等各种关系为浙大争取发展空间。如《竺可桢日记》1939 年 9 月份记载,9 月 1 日他从广西桂林至重庆,9 月 2 日:

十点至玉川别业晤杭立武,谈 Marriott 问题。M 已辞职,余提汪胡桢为水利讲座教授,月薪五百元。杭以月薪最高数只四百元,馀一百元,余允由

---

[1] 竺可桢.竺可桢全集(第 9 卷)[M].上海:上海科技教育出版社,2006:215.

校贴。……关于建筑十二万元。杭以原为永久性质,故如用于广西,只允以三分之一,而其余三分二为设备。余则主张三分二为建筑,因广西可办分校,故亦可作永久性也。[1]

杭立武此时为中英庚款董事会总干事,汪原桢为竺拟聘到校任教的水利专家。9月3日:

十一点一刻至教育部,……十一点三刻陈立夫来,与谈浙大建筑事。[2]

陈立夫时任教育部部长。9月4日:

晨六点半起。只睡三小时,因房朝东南,有太阳,故不能安睡。八点至中央党部晤朱骝先,……余请其于下星期英庚款会议提出将前会中允拨

---

[1] 竺可桢.竺可桢全集(第7卷)[M].上海:上海科技教育出版社,2005:152.
[2] 同上:153.

补助费廿六七八三年度合共十二万即作为小龙江建筑之用。[1]

朱骝先,字家骅,时任中研院代院长、国民党中央组织部长。9月6日：

九点半车至青木关。……由教部会计郭君(良俊)陪同至教育部,晤吴士选、顾一樵等。邵鹤亭部中不能放走,故教育哲学须另觅人。经费问题晤章司长。[2]

吴士选、顾一樵此时分别任教育部高教司司长和教育部政务次长,邵鹤亭,教育学家,此时在教育部任职,竺本来想把他聘为浙大教育哲学教授,未果。类似的记载,日记中俯拾皆是。同样,在西迁过程中,无论是到江西泰和、广西宜山,还是到贵州

---

[1] 竺可桢.竺可桢全集(第7卷)[M].上海：上海科技教育出版社,2005：153—154.
[2] 同上：155.

遵义,每至一地,他总是主动和当地政府以及江西、广西、贵州等省的有关部门取得联系,并通过学校为当地解决各种经济问题、社会问题,以取得信任,争取支持。正是在竺可桢的不懈努力下,浙江大学在相当恶劣的政治生态、社会生态和学术生态环境中争取到较多的资源和较好的发展空间。据《竺可桢日记》1943年1月6日条记载:

自余入川,教部及国库所拨各费至浙大者已达一百六十三万元之巨,故校中不应再患款缺。[1]

这已经是1943年了,距竺可桢就任浙大校长已近七个年头,虽然从长远来看,"不应再患款缺"仍是暂时的,但经过长期努力,经费问题毕竟得到极大缓解,须知一所大学的发展,经费支撑是最重要的因素之一。聘请教师方面,在竺可桢多方罗致和诚意感召下,这一时期先后到校任教的著名学者

---

[1] 竺可桢.竺可桢全集(第8卷)[M].上海:上海科技教育出版社,2006:480.

有胡刚复、王琎、张其昀、王淦昌、梅光迪、钱穆、张荫麟、涂长望、叶良辅、谭其骧、黄秉雄、任美锷、郭斌和、卢守耕、周承佑、王驾吾、谈家桢、钱令希、张肇骞、罗宗洛、吴征铠、冯新德、钱钟韩、苏元复、卢鹤绂、马一浮等。大批学者的引进使浙大在学科建设、科学研究和人才培养方面获得迅速提升。西迁的第二年，即1938年，浙大增设师范学院，下设6个学系。1939年，原文理学院分立，文学院设中文、外文、教育、史地等学系，理学院设数学、物理、化学、生物等学系。同年，设立文科研究所史地部、理科研究所数学部，设立浙东龙泉分校。1940年，工学院机械、电机两系设双班，师范学院设二部，在湄潭设浙大附中。1941年，设工科研究所化工部。1942年，成立浙江大学研究院。同年，增设理科研究所生物学部、农科研究所经济学部。1944年，工学院设航空系。1945年，增设法学院，设法律系。1946年，增设医学院。在学科建设上几乎是年年上一个台阶。

综上所述，为了学校的发展，竺可桢不得不主动或被动地向"政治"靠拢,与"政府""政党"折冲樽俎、周旋应付;不得不在必要时采取各种妥协圆通的手段。但是,在所有的上述活动中,竺可桢始终保持着清醒的头脑,他决不计较个人的利害得失,但在事关青年教育,事关学校发展理念,事关国家民族的大是大非面前,却"计较"得非常清楚,对于来自"政府""政党"的重重干扰,有的是以自己认可的方式予以"消化",有的是"阳奉阴违"、自行其是,有的则态度鲜明、坚决抵制。

竺可桢主持浙江大学后首先碰到的一件非常棘手的事情是如何对待大学生的军训问题,他的前任郭任远的被迫辞职原因很多,而军训问题则是最直接的导火索。国民政府早在1929年即颁布《高中以上学校军事教育方案》,规定"凡大学、高级中学及专门学校、大学预科并其他高等以上学校,除女生外均应以军事教育为必修科目,其修习期间均定二年"。[1]九一八事变后,各高中以上学校加强

---

[1] 宋恩荣,章咸.中华民国教育法规[M].南京:江苏教育出版社,2005:105.

了军事教育,同时,由于此举与政府强力向高等学校渗透和强化思想控制的诸多举措相配合,致使各校围绕军事教育、训育问题经常发生各种风潮。在1936年3月的一篇日记中,竺写道:

> 办大学者不能不有哲学中心思想,……余以为大学军队化之办法在现时世界形势之下确合乎潮流,但其失在于流入军国主义,事事唯以实用为依归,不特与中国古代四海之内皆兄弟之精神不合,即与英美各国大学精神在于重个人自由,亦完全不同。目前办学之难即在此点。郭之办学完全为物质主义,与余内心颇相冲突也。[1]

在竺可桢看来,大学中实施军事教育,搞军事训练,从办学理念的层次讲,是一种实用主义,且与中国传统精神背道而驰,绝不可能是一种长久方针。但鉴于日本帝国主义对中国的侵略行径,目前

---

[1] 竺可桢.竺可桢全集(第6卷)[M].上海:上海科技教育出版社,2005:36.

对大学生实施军事教育又不失为一种权宜的办法,关键在于慎重地选择军事教官和训育指导员。《竺可桢日记》1936年4月28日条记载:

> 蒋伯谦来,余与谈浙大需一训育指导员,须兼课三数小时。盖郭任远在浙大之失败,军事管理实负其责,而所用三军事管理员皆低薪水阶级,资格甚差,不足以引起学生之敬仰心,学生衔之切骨,寻常高压之下,敢怒而不敢言,一旦爆发,乃不复可抑制。故余此次觅训育指导,必须资格极好,于学问、道德、材能为学生所钦仰而能教课者为限也。[1]

事实上,竺可桢掌校后对军事管理员、训育指导员及训导长的选择十分慎重,他们必须学有专长,能够获得学生的敬仰,能够承担某一门课程的教学工作。而对于政府所规定的训导员、训导长必须是国民党员的做法却大不以为然。最典型的例

---

[1] 竺可桢.竺可桢全集(第6卷)[M].上海:上海科技教育出版社,2005:63.

子是他聘请不是国民党员且不愿意加入国民党的费巩担任浙江大学训导长一职。1940年7月,浙大原训导长姜琦辞职,竺可桢即动员费巩担任此职。费巩,字香曾,早年毕业于复旦大学政治学系,1933年即来浙大工作,由于他学术造诣深厚,教学认真且十分关心青年学生的成长,故深得学生拥戴。费巩在接受训导长一职时提出两个条件:一是不参加国民党;二是只领取教授薪酬不拿训导长薪俸,即是说不支领本该领取的那份训导长薪俸。8月12日,费巩就任训导长一职,在竺可桢主持的会上,费巩向全体学生发表了与众不同的就职讲演——《对于训导之意见》,他说:

> 训导长有人称之为警察厅长,但吾出来做事,绝不是来做警察厅长或者侦探长,吾是拿教授和导师的资格出来的,不过拿导师的职务扩而充之。吾愿做你们的顾问,做你们的保姆,以全体同学的幸福为己任。……训导处从今天起改走前门,不走后门,大门洞开,你们有事尽可以进来谈话。……任

何人有什么意见，可以当面告知我，或写信给我。吾还要常到宿舍去，男女宿舍都常常要去，但不是来侦察的，是来访问的，想与你们多接触的。[1]

就这样一位不支薪俸、愿意为学生的幸福服务的训导长，半年后被迫离职。竺可桢在日记里不无悲愤地写道：

训导主任因香曾非党员，故教部不愿其久居此位，必须另觅人。[2]

1938年4月国民党临时全国代表大会后，进一步加强了对高等教育的渗透和控制，其中一个重要举措即是要求各大学校长加入国民党。《竺可桢日记》5月30日条记载：

---

[1] 浙江大学校史编辑室.费巩烈士纪念文集(卷2)[M].杭州：浙江大学出版社，1980：60.
[2] 竺可桢.竺可桢全集(第8卷)[M].上海：上海科技教育出版社，2006：8.

午后二点半至校。六点半回。八点晓峰与叔谅来，以布雷函相示，嘱余入国民党，因上月代表大会后，党中有改组之意，其中有一办法，即拉拢教育界中人入党。余谓国民党之弊在于当政以后，党员权利多而义务少，因此趋之者若鹜，近来与人民全不接近，腐化即由于此，拉拢若干人入党，殊不足改此弊。[1]

这是国民党要员第一次动员竺可桢加入国民党，被他以个人加入不足以改变国民党的"腐化"为由拒绝。1939年3月，竺可桢到重庆参加第三届全国教育会议，《竺可桢日记》3月8日条记载：

今晨张子明以国民党入党书嘱填。余告以已经蔡先生函立夫调余回院，至于入党一事容考虑之，但以作大学校长即须入党实非办法也。[2]

---

[1] 竺可桢.竺可桢全集(第6卷)[M].上海：上海科技教育出版社，2005：527.
[2] 竺可桢.竺可桢全集(第7卷)[M].上海：上海科技教育出版社，2005：45.

这一次竺可桢的借口是,他已经请蔡元培先生致函教育部长陈立夫,要求调自己回中央研究院专任气象研究所所长,所以告诉来人,加入国民党的事以后再说,特别加了一句"作大学校长即须入党非办法也"。就这样,备受国民党高层重视的这件事,被竺可桢一拖再拖。1943年5月12日的日记中仍有"下午有中央训练团谢光平来,嘱余填入国民党志愿书。现大学校长中只余一人非党员"[1]的记载。直至1944年,此事才算有个了结,据该年7月13日日记记载:

今日寄陈叔谅入国民党申请书。余对国民党并不反对,但对于入党事极不热心,但对于国民党各项行动只有嫌恶憎恨而已。……近来党中人处处效法德国纳粹,尤为余所深恶而痛极。近《大公报》伦敦特派访员萧乾,谓英美朝野称我国三民主义所实行者一民主义而已,对于民生、民权的确未顾到。事

---

[1] 竺可桢.竺可桢全集(第8卷)[M].上海:上海科技教育出版社,2006:563.

事要中央发动,此岂可称民主耶。对于贪污大员如孔某者亦不能批评,此尚何有自由言论耶。[1]

从1938年被陈布雷动员起,到1944年正式填写加入国民党申请书,此事前后拖了整整6年。就在填写申请书的同时,在日记中竺可桢痛快淋漓地批评了国民党的种种行径,直斥之为"处处效法德国纳粹"。在这里我们看到的是一位为了学校发展而不得不含垢忍辱、委曲隐忍,但对大是大非保持高度清醒头脑的正直知识分子的凛然形象。事实上,作为一位大学校长,竺可桢从来没有忘记为学校、为教师、为学生争取一个相对宽松自由的学术环境和生活环境。他曾和陈布雷深谈:

余谓目前国家对于大学教育方针须要确定,不能徘徊于统制与自由二者之间。[2]

---

[1] 竺可桢.竺可桢全集(第9卷)[M].上海:上海科技教育出版社,2006:145.
[2] 竺可桢.竺可桢全集(第7卷)[M].上海:上海科技教育出版社,2005:154.

他在多种场合明确表态:

大学无疑的应具有学术自由的精神。[1]
余主张大学学术自由,不能用标准化办。[2]

从一定意义上可以说,竺可桢违背个人意愿、违心地加入国民党,主要是为了利用这种身份保护师生、维护学校利益。在20世纪40年代列强入侵、国共两党摩擦不断的动荡局势下,浙大师生政治热情高涨,常常招致与政府当局的激烈冲突,正是在竺可桢多方奔走、积极营救下,师生们的损失才得以减少到最低程度,学校才得以获得较为安定的教学和科研环境。

作为一所国立大学的校长,竺可桢"只问是非,不计利害"的精神境界更时时体现在学校的办学活动和日常的教学工作之中。在1939年3月举行的

---

[1] 竺可桢.竺可桢全集(第2卷)[M].上海:上海科技教育出版社,2004:641.
[2] 竺可桢.竺可桢全集(第9卷)[M].上海:上海科技教育出版社,2006:364.

第三届全国教育会议上,蒋介石提出"各校校训应归一律,应可定为礼义廉耻"。[1]国民政府教育部很快落实了此事,并将这一内容定为翌年全国大学招生的国文试题。据《竺可桢日记》1940年7月20日条记载:

> 统一招生考试上午考国文、公民,下午考物理、理化。……国文题。(一)作文:《全国学校共同校训释义》。按全国校训为"礼、义、廉、耻",系去年全国教育会议蒋先生出席演讲所定,而经教育部通令各校遵行者。此事中学校行至如何地步,全视其当局而定,与学生之国文程度无关也。犹之昔人之默《圣谕广训》之类,将使阅卷者发生极大困难。余意最好将此题不打分数。[2]

《日记》中的这段议论,表面上是对教育部出的

---

[1] 竺可桢.竺可桢全集(第7卷)[M].上海:上海科技教育出版社,2005:42.
[2] 同上:398—399.

国文试题不满意,认为这与考察学生的国文程度毫不相关。实际上是抨击蒋介石的独裁行径,认为此举与清代科举考试让考生默写《圣谕广训》如出一辙。对于国民党训练部要求大学生在纪念周活动时必须朗诵《青年守则》的规定,竺更是极其反对,他在一则日记中写道:

二点半纪念周,今日开始点名及读《青年守则》十二条。余对于朗诵此种十二守则可称十二分不赞同。此等和尚念经之办法,奉行故事,于学生毫无益处,浪费时间而已。[1]

20世纪30年代初,国民政府鉴于高等教育结构方面存在的问题和战争的需要,三令五申要求加大工、农、医等实科专业的设置,扩大这些专业的招生人数。就当时的情况而言,这些举措在调整高等教育结构方面确实取得了一定的效果,但是也出现

---

[1] 竺可桢.竺可桢全集(第7卷)[M].上海:上海科技教育出版社,2005:80.

了许多弊端:其一是导致了数学、物理、化学等基础学科和人文社会科学部分学科的严重削弱;其二是导致一些不具备大学资格的学校趁机"升格",出现大学"泛滥"的苗头。对于这些现象,竺可桢不计个人利害,不考虑自己的言行与政府政策相左的后果,不仅以国立大学校长的身份在各种场合大声疾呼,反复向政府有关部门陈述自己的看法,而且在浙大进行了针锋相对的改革。据《竺可桢日记》1940年10月24日条记载,这一天他找了时任中研院代理院长、国民党中央组织部长的朱家骅,专门谈了自己对大学基础学科设置的看法:

> 余甚以基本科学,即物理、化学在大学中之被蔑视为虑。本年同济、四川、中山、重庆、西北五大学竟不能取到一个理科学生,而所取全国大学生至六千之多,工院竟占三千以上,则吾国科学前途大可悲观矣。[1]

---

[1] 竺可桢.竺可桢全集(第7卷)[M].上海:上海科技教育出版社,2005:465.

他专门撰文陈述自己的观点：

大学教育的内容，应该注重通才教育，还是技术教育。这个问题，在美国目前争执颇为热烈。……目今我国社会，仍然充满了这种功利主义。大学里边的功课，支离破碎，只求传教零星有用的知识，而不注重理知的培养。大学生认定院系，不问其性情之是否适合，而只问毕业后出路之好坏，待遇之厚薄。选择科目，不问其训练之价值如何，而专问其是否可应用到所选定之职业。在大学内通才教育与技术教育，理应并重。但在现行教育制度之下，大学课程实有重新厘定之必要。基本科目必须增加，而各系之必修课目必须减少，庶几能达到培养理知之目的。[1]

有时抨击的对象直指最高当局：

---

[1] 竺可桢.竺可桢全集(第2卷)[M].上海：上海科技教育出版社，2004：640—641.

> 接美国顾振军两函。……渠寄来六月间 MIT 校刊一份,中述 Compton 氏战后改变理工课程之计划,将人文及社会科学之课程加重。此乃该校一向政策,经委员会决定。非如我国之由最高当局临时想到,即下手谕,而加某为必修科,加某科钟点若干。如此办理,大学将无从发展,成为训练班而已。[1]

明眼人一看就知道这里指的是什么人。1939年5月,当竺可桢听说浙江的一所学校通过陈立夫的关系,仅设医、农、工三个学院即打出大学的招牌后,十分气愤地在《日记》里写道:

> 迪生来电谓教部已准浙江设立战时大学,更名为英士大学。此全系一种投机办法,因教部长陈立夫系陈英士之侄也。许绍棣等之不要脸至此已极,可谓教育界之败类矣。专设医、工、农三学院而无

---

[1] 竺可桢.竺可桢全集(第9卷)[M].上海:上海科技教育出版社,2006:156.

文理,焉望能其办好![1]

许绍棣,时任浙江省教育厅长。一位文质彬彬的大学校长、一位在国内有影响的教育家,如果不是对教育界这些徇私忘公、置民族国家利益于不顾的行径实在无法容忍,他绝不会如此恶语相加,把部长和厅长都一股脑儿地称作是"不要脸至此已极"和"教育界之败类"。

在向政府和社会充分陈述自己的办学理念的同时,竺可桢把更多的精力放在浙江大学自身的改革上,浙大当时的许多重要举措是在与当时政府的有关政策完全相左的情况下实施的。为了改变轻视文理、过分重视工科的弊端,使浙大真正成为一所综合性大学,竺可桢在主持校政后召开的第一次校务会议上即提出筹备中文系和成立史地系的问题。史地系在当年即宣告成立,集聚了钱穆、张荫麟、陈乐素、叶良辅、涂长望、谭其骧、任美

---

[1] 竺可桢.竺可桢全集(第7卷)[M].上海:上海科技教育出版社,2005:88.

锷等一批著名学者。中文系成立于1938年,是年8月成立的师范学院亦设国文系,文理学院的中文系和师范学院的国文系同时招收新生。1939年,为了加强基础研究,将原来的文理学院分设为文学院和理学院,另设文科研究所史地学部和理科研究所数学部及史地教育研究室。物理、化学、生物等学科吸引了一批国内外著名学者,教学和科研水平大大提高。1941年,设工科研究所化工部。1942年成立浙江大学研究院。同年,增设理科研究所生物学部、农科研究所经济学部。这些新设的机构都以基础研究为主旨,都以浙大最有特色的学科为依托。竺可桢"十二分不赞成"在每周的纪念会上向学生灌输《青年守则》之类的"奉行故事",但他却充分利用当时教育部规定的每周一次的纪念周会的宝贵时间,不管刮风下雨,只要不出差,一定亲自参加,不仅自己结合国际、国内和学校内外的大事向学生谈感受、体会,讲自己治学、做人、处事的经验教训,而且利用他广泛的社会资源为学生请来许多国内外名流学者作演讲,

这些演讲者中有英国诗人艾温斯（B. I. Evans）教授，美国哈佛大学陶特（E. D. Dodd）教授，北大化学系主任曾昭抡，乡村教育家梁漱溟，文学家郁达夫，北平研究院物理研究所所长严济慈，钱塘江大桥工程处处长茅以升，美国纽约大学化学专家尼特（T. B. Niederl）博士，世界教育会会长、美国教育家孟禄（P. Monroe）博士以及国际物理学界泰斗玻尔（A. Bohr）教授等。1937年出版的《浙大学生》杂志刊登了一份该年度公开讲演清单，总数达80余次（也包括纪念周会之外的一些名人演讲），内容广泛地涉及哲学、政治、法律、文学、历史、物理、化学、生物、地质、医学、农业、机械、土木等各个学科，大大丰富了学生的课外生活，开阔了他们的视野。1940年教育部举行全国第一届大学生学业竞试，浙大名列第四，竺可桢在1941年8月2日的日记中特意记下此事：

去年学业竞试得嘉奖之学校近已发表：（一）中大，（二）岭南，（三）武大，（四）浙大，（五）中山，

（六）重大，（七）厦大，（八）东吴，（九）西南联大，（十）师范学院，（十一）复旦，（十二）川大。[1]

1941年举行全国第二届大学生学业竞试，浙大成绩更好。竺在1942年5月16日的日记中写道：

今日接教育部去年学业竞试得奖名单，计一、二年级得奖者全国九十一人。以浙大为最多（十名），岭南与中央大学各七名，武汉与厦门各六名，唐山交大、广西与独立师范、西北师范各五名，四川大学四名，湖南大学二名，西南联大未加入考试。[2]

1943年举行全国第三届大学生学业竞试，浙大第二次夺冠。竺在1945年5月3日的日记中写道：

---

[1] 竺可桢.竺可桢全集(第8卷)[M].上海：上海科技教育出版社，2006：123.
[2] 同上：339.

第三届全国专科以上学校竞试乃前年所举行,迄本年上月底始将结果发表。计全国得奖者176人,浙大得19名,龙泉分校5名,余各校厦大11名,国师14名,中山12名,中央8名,联大4名,武大3名,西大6名,交大(唐山)6名。[1]

从1940年开始,国民政府教育部决定在全国国立大学、独立学院和已备案的全国性学术团体中遴选部聘教授,并分别于1942年和1943年各举行一次,两次共聘45名,其中中央大学12名,入选人数居第一;西南联大10名,居第二;浙江大学5名,居第三。在1948年3月中央研究院选举产生的81位第一届院士中,浙江大学有竺可桢、苏步青、贝时璋、罗宗洛(后调入中研院)等人当选,入选人数在当时全国大学中亦名居前列。

可以说,抗日战争期间浙江大学在学科建设、人才培养和科学研究诸方面取得的突破性发展,

---

[1] 竺可桢.竺可桢全集(第9卷)[M].上海:上海科技教育出版社,2006:392.

既是竺可桢充分利用各种政治资源,为学校争取发展空间的结果,也是他独立思考,"只问是非,不计利害"精神境界的体现。1939年7月16日,浙江大学在广西宜山举行第12届毕业典礼,竺可桢在会上讲话"勖勉学生以出校后须有正确之人生观,为名为利均有弊窦,只知为社会服务、不顾名利而自然可得成功。所谓成功亦非名利兼收。古人有不惜牺牲生命而保存其志节、主义,虽身死而志行则亦为成功,如诸葛武侯,中山先生亦即其例也。最后以王文成公答陆文静书所云:'君子盖有举世非之而不顾,千百世非之而不顾者,亦求其是而已矣,岂以一时之毁誉而动其心哉'"[1]作结束。竺可桢引用王阳明的这段传世语录,既是对即将走上社会的毕业同学的临别赠言,也是借先贤的话对自己坚守的"只问是非,不计利害"做了一个很好的诠释。

---

[1] 竺可桢.竺可桢全集(第7卷)[M].上海:上海科技教育出版社,2005:124.

三、道德情操：克己奉公、清正廉洁、襟怀广阔、平易近人

对一位大学校长而言，他的办学理念、他对大学使命的认知决定了他所主持的大学的文化关怀、学术抱负和社会担当；他的精神境界影响着他协调、处理大学与政治、政权、政府等外部世界的关系；而他的私德、他的情操，则是他能否在师生中具有很高的威望和亲和力，能否整合学校内部各种资源、调动一切积极因素的关键。浙江大学在抗战期间艰苦困难的条件下获得大的发展，与竺可桢的个人品质、人格魅力，与他的道德情操有极大的关系。

前面曾经提及，竺可桢在接任浙江大学校长一职的同时，就向有关方面明确表态，任职时间以"半年为限"。而且，此后他也多次向教育部、中央研究院、国民党中央组织部提出，在浙大校长和气象研究所所长两个职务中只能做一件事情。但是，事实上,他在浙大校长任上一做就是13年,同时兼任气象所所长10年。在长期的兼职过程中,开始是杭州、南京,之后是泰和、武汉,再后是遵义、重庆,浙大和气象所始终不在一地,两个单位又分别属于两个部门。他这个校长兼所长只能在战火纷飞、交通不便的两地、三地之间往返奔波。更为困难的是,抗战期间浙大和研究所几次内迁,让竺可桢心力交瘁。每次学校搬迁,竺可桢都要做足"功课",先是去实地考察,学校迁至什么地方合适、当地受战事影响如何、交通是否便利、气候如何、物价是否比较低廉、有无地方性疾病,都需要反复核实。定下了迁校地址,紧接着是走陆路还是走水路、如何省钱又安全,甚至交通工具的调拨、汽油的筹措等,都需要亲自出面与有关方面打交道。然后是组织全校上千名师生、家属和大量图书仪器的分批上路。任何一个环节出问题,都会影响到师生和学校财产的安全。在所有这些活动中,作为校长的竺可桢,既是运筹帷幄的总指挥,又经常身先士卒,出现在最危险、最关键的时刻,成为师生们的"主心骨"。学

校一旦安置下来,只要不出差,竺可桢总是早上7点半左右到校,或参加学生纪念周会,或处理各种文件,或找师生谈话,开始一天的工作。由于操劳过度,竺可桢经常感到体力不支,《日记》中多有这样的记载:

此二三年来,余老态日增,看报纸须去眼镜始清晰,耳中常闻哄哄之音,如一二里外之机器声然。[1]

午后胡国泰(伯谦)来拜年,说猜我已过了六十岁,可知我是龙钟不堪了。……二三年不相见的人,没有一个不惊怪我老得如此之快。在宜山时我尚不承认自己是老年人。[2]

1938年6月,战火已漫延至江西北部,浙大不得不再次寻找迁徙的新地点。6月底,竺可桢离开泰和,先到武汉与教育部长陈立夫商谈迁校问题,

---

[1] 竺可桢.竺可桢全集(第8卷)[M].上海:上海科技教育出版社,2006:29.
[2] 竺可桢.竺可桢全集(第9卷)[M].上海:上海科技教育出版社,2006:328.

然后经长沙到湖南衡阳、广西桂林等地选择校址，了解交通运输情况。正当他为迁校、招生之事奔走各地之时，7月23日，在桂林接到学校让他速归的电报。他知道自己离家太久，夫人染病急需照料，把手头的事托付同行的胡刚复后即往回赶。7月25日晚，当竺可桢乘坐的车子回到学校所在地上田村时，三个孩子竺梅、竺宁和竺安早已在堤岸上等候多时。大女儿告诉他，弟弟竺衡已经去世，妈妈仍在病中：

> 下车即遇宁、彬诸儿，梅儿即谓妈妈病好点。余问衡，谓衡没得了。余闻信之下，几不能辨是真是梦。[1]

突如其来的噩耗使竺可桢难以自持，无法直接回家，便先到老友郑晓沧处歇息片刻：

---

[1] 竺可桢.竺可桢全集(第6卷)[M].上海：上海科技教育出版社，2005：554.

即至晓沧处略歇,回家……见侠卧床上,唏嘘不能言,谓恐不能再相见。[1]

竺可桢的妻子张魂侠和二子竺衡是7月11日晚同时发病的,医生诊断为噤口痢,病势凶险,乡间医疗条件差,发病后仅十天,就夺去了14岁孩子的生命,竺可桢未及看到孩子的最后一面。此时的张魂侠仍未脱离危险,经竺可桢多方延医治疗,终因难以控制的并发症,魂侠亦于8月3日逝世。接连遭受失子丧妻之痛,竺可桢精神几近崩溃,国难日深、校务待理,他强忍悲恸,魂侠去世第三天,即投入工作。据1938年8月5日《日记》记载:

八点至大原书院。阅一个月来寄来之各项报纸与杂志,见哈佛同学会寄来之What is a University《大学是什么》。按教育部嘱办师范学院,计全国有中央大学、西北联合大学、西南联合大学、广州中山

---

[1] 竺可桢.竺可桢全集(第6卷)[M].上海:上海科技教育出版社,2005:554.

大学与浙大五个师范学院。[1]

但是,当一天的工作忙碌完毕,夜深人静之时,对亲人的思念再也无法抑制。在此后很长一段时间的日记里,经常有与亲人在梦中相见的记载:

> 晨四时即醒,不能寐。夜间梦侠来,……忆〈今〉[去]年冬在吉安木匠街时,曾阅《七修类稿》,见载陆放翁忆妻唐氏诗二首。……余在该时曾将此诗指与侠看,侠亦称赏,不图竟成为诗谶也。今晨在枕上得一绝,步放翁原韵。"生别可哀死更哀,何时重上旧城台。西风萧瑟湘江渡,昔日双飞今独来。"盖六月卅日余别侠于泰和,至车站告别,十二日而侠病,再十二日而余回,已奄奄一息,再九日而竟不起矣。九一八在茶陵、衡阳[间]渡湘水,遇狂风细雨,大有秋意。今春两次来往湘赣,侠均相偕,今独来,故有感也。[2]

---

[1] 竺可桢.竺可桢全集(第6卷)[M].上海:上海科技教育出版社,2005:560.
[2] 同上:582—583.

晨一点半醒,不能成寐,因续成步放翁原韵悼侠魂绝句两首。(一)"生别可哀死更哀,何堪凤去只留台。西风萧瑟湘江渡,昔日双飞今独来。"(二)"结发相从二十年,澄江话别意缠绵。岂知一病竟难起,客舍梦回又泫然。"[1]

是什么力量支撑着竺可桢在艰苦备尝、身心极度痛苦之中仍能百折不回,带领浙大师生进取不息呢?曾经与竺可桢长期共事的陈训慈认为,"其支持力量全是他强烈过人的责任感,是公而忘私、高度爱国家爱教育的精神所致"。[2] 陈训慈曾在一篇文章中分析道:

(1)是竺之以身许国、迎难而进之基本思想与过人毅力。(2)是抗战越艰苦,竺对当时专家教授忍受艰贫,相随于一学府(甚至不少教授病故)之无

---

[1] 竺可桢.竺可桢全集(第6卷)[M].上海:上海科技教育出版社,2005:583.
[2] 浙江省政协文史资料委员会.一代宗师竺可桢(浙江文史资料选辑第40辑)[M].杭州:浙江人民出版社,1990:28.

限同情与关爱,以至于不忍舍他们而去,对广大学生也同此心。(3)是他对浙大的感情与责任心愈往后而愈深。越是生活艰苦,越多想到大量教职员工比自己还艰窘,愿共患难而不去。还有更多的学生忍饥寒而力学不懈(有的是靠微小的工读收入或助学金过日子)。这种关爱与怜惜之情,又自然与他尊重事业、热爱国家的心情紧密结合。每为一时的原因而想辞,一经以大义相责望,便又打消去意。[1]

作为这一历史过程的亲历者,作为竺可桢的学生与同事,陈训慈的分析是准确的。尽管在《日记》中,我们看到竺可桢几乎一有机会就向各方面表示自己辞去校长一职的愿望和决心,但是,一回到学校,他就把自己的种种想法和不快深深地埋藏在心里,全力以赴投入工作。在抗战最艰苦的岁月里,作为一位国立大学校长,他的工资收入几乎不能维

---

[1] 浙江省政协文史资料委员会.一代宗师竺可桢(浙江文史资料选辑第40辑)[M].杭州:浙江人民出版社,1990:28.

持一家的生活:

> 余每月所收入共为四千三百元、一市担米,而上月单买菜已三千元,油盐酱均在外,三者连煤、水至少一千五百元,而梅儿一人在湄须用一千元,贵重之药尚不在内。余尚如此,馀人可知。[1]

梅儿是竺的长女竺梅,她身体不好,长期住医院治疗。在这样的拮据情况下,他考虑的是学校的教授、职员,"余尚如此,余人可知"。有时实在周转不过来,就靠典卖物品维持生计:

> 波若来,将余之麂皮大衣交与,拟以十万元售去,因现在每月所入不敷开支也。[2]

> 三点至校。朱鹤年来谈。又卢温甫将 E. Masten 购余存所中曾世英地图一幅美金二十元,得一万

---
[1] 竺可桢.竺可桢全集(第9卷)[M].上海:上海科技教育出版社,2006:23.
[2] 同上:221.

元,又教部转来委员长年尾酬劳万元。得此二笔,差可还清校中欠账。[1]

此类记载在《日记》中随处可见。其实,作为与中央大学、武汉大学同属国立大学且规模相近的浙大校长,按教育部有关规定,竺可桢的薪俸应与其他两校校长一样,但是,任职以来他的实际薪俸一直比其他两校校长整整低了两级:

余自到校五年以来均支简任三级薪,即月600元,但武大、中大均以简任一级薪。余初未尝以此作计较也,近来公文谓大学四院以上,二十系以上者公费得支300—400元,则公费方面昔只支200者亦过少矣。[2]

多年来,他为浙大的发展不辞辛苦,四处求告,

---

[1] 竺可桢.竺可桢全集(第9卷)[M].上海:上海科技教育出版社,2006:242.
[2] 竺可桢.竺可桢全集(第8卷)[M].上海:上海科技教育出版社,2006:277.

通过各种渠道争取来的经费何止数百万,却从未为自己遭受的不公正待遇去找有关部门。同事们为他愤愤不平,他淡淡地说:"余初不因此而介意也。若斤斤争锱铢,则吾亦早为大腹贾矣。"[1]

清正廉洁是竺可桢获得师生衷心拥戴,学校有很强的凝聚力的一个重要原因。身为一校之长,集全校的财务、人事、建设大权于一身,在战火纷飞的特殊历史时期,"天高皇帝远",一切规章制度都无法正常执行运作,有多少贪官污吏在发国难财。有鉴于此,竺可桢在学校管理上,力主校务公开,举凡学校大政方针、规章制度及经校务会议讨论的重要决定,均通过《国立浙江大学日刊》《国立浙江大学校刊》等刊物及时向全校师生刊布,便于师生监督;同时借用每周一举行的由全体学生参加的总理纪念周会向大家报告校务。坚持教授治校,通过组织各种委员会,吸收师生参与学校的各项管理工作,充分调动教师、学生的积极性。他经常利用各种机

---

[1] 竺可桢.竺可桢全集(第7卷)[M].上海:上海科技教育出版社,2005:395.

会对学生进行教育：

> 国家政治不清,亦需要纯洁不自私的人出而当国,故吾人正需要青年以治平天下为己任。但切弗做大官之后而发大财,如此之人没有不贪污的。[1]

在遵义举行的第十八届浙大毕业典礼大会的演讲中,竺可桢结合当时社会上的丑恶现象语重心长地告诫同学们：

> 近来报上所载我国贪污之案层见迭出,甚至财政部总务司长王绍齐、直接税局局长高秉坊、中央银行业务局长这类人也竟监守自盗,舞弊上千万。诸君看了报自然莫不痛心。但是诸位要晓得,在有一个时期这类作弊的人也是和诸君一样从大学刚毕业、极清白纯粹的大学生。因为贪污之层见迭出,所以一般人以为官是做不得的,财是不能发的,

---

[1] 竺可桢.竺可桢全集(第10卷)[M].上海：上海科技教育出版社,2006：138.

这可大错了。做公务员就是官,我们就希望顶好人材、顶廉洁的知识阶级去做官,唯有这样,公家的事才能办得好。中国那么穷,我们就希望大家绞脑汁来做发明、办工厂、开农场,去发大财。唯有这样,国才能富,民才能强。所以我希望你们能做官、能发财,但不希望你[们]因为做了官再去发财。为做官而发财,是没有不贪污的。[1]

竺可桢掌校期间,始终廉洁自律、公私分明,从不利用特权占公家便宜。《竺可桢日记》1940年5月2日条记载了这么一件事:

学校近请得外汇美金一千余元,适其中有数书不到,故尚多美金五元余,适余接 Harvard Alumni Bulletin《哈佛大学同学会公报》来函索订报费,计一年,至明年二月一日止为4.75美金。故即以此数汇抵,以每元三元三角七计算,计国币十六元一角。

---

[1] 竺可桢.竺可桢全集(第9卷)[M].上海:上海科技教育出版社,2006:444.

此尚系法价,倘用黑市,则每金元需以十六元算,其数当在七八十元之间矣。虽得便宜,但将来此项报纸仍送图书馆。[1]

这是一件谁都不晓得,只有竺自己知道的事情:学校从上面申请到千余美金的外汇用于购置外文图书报刊,由于有些书籍未到,结余下5美元有奇。竺可桢毕业于哈佛,时刻关注哈佛的办学动态,所以长期自费订阅此刊物,恰好此时收到该刊的索订函,计全年订购费4.75美金,竺即用学校余下的这5美金予以支付,同时按当时法定汇率计国币16.1元交给学校。但是,他觉得自己还是占了学校的便宜,因为黑市的汇率要高得多。因此,在《日记》中特意记下此事,提醒自己"将来此项报纸仍送图书馆"。《竺可桢日记》1943年7月18日条记有另一件事:

十点半至农场(指设在湄潭的浙大农学院农

---

[1] 竺可桢.竺可桢全集(第7卷)[M].上海:上海科技教育出版社,2005:348.

场——引者)……膳后至农场一览。时唐菖蒲(gladiolus,剑兰)、土水仙、福禄考等盛开,黄金瓜、洋葱、番茄均成熟。余购洋葱(五元一斤)、番茄(二元一斤)、金瓜(四元一斤)共一百余元而回。[1]

一位校长到自己学校的农场视察工作,掏钱买了些农场的蔬菜,此类事情在竺可桢看来太正常不过了。殊不知正是这些他认为极平常的小事,却在无形之中影响着一个大学的风气,形塑着一个学校的校风。其时任浙大农学院园艺系主任的吴耕民,在几十年后的一篇文章中深情地回忆道:

竺先生为人极廉洁,不揩学校的油。农学院农产品多,如牛奶、牛油、鸡鸭、蛋、水果、西瓜、番茄、花木等,样样都有。竺先生以身作则,绝对不揩油白拿,和一般顾客一样都付款购买。我们为他的廉洁道德所感动,也不拿公物送人,自己也不

---

[1] 竺可桢.竺可桢全集(第8卷)[M].上海:上海科技教育出版社,2006:602.

白吃。……竺先生对学校办公费开支也很节约,例如开校务会议照例由学校备便饭,竺先生不准供应老酒,有人要求喝老酒,竺先生也铁面无私不准开禁。例如陈建功先生有酒癖,每餐非喝酒不可,只好自己暗地里叫工友去买一瓶,由他自己付钱,当时大家以陈教授自己付钱喝老酒传为美谈。[1]

无论是在杭州时期还是在西迁途中,总有人通过各种关系或推荐人员到浙大任教,或设法为子女或亲朋好友的孩子进入浙大读书说项。碰到这种情况,竺可桢一概回绝。在一则日记中,竺可桢写道:

现各方谋事者日多,昨鸣雠太太姚含英来,今日二姊所介绍之张瑛来。此外来函谋事者如何建文、杨其泳、王萍州、竺士樵等等,使余应接不暇。若任意位置,抱一有饭大家吃之主义,则学

---

[1] 浙江省政协文史资料委员会.一代宗师竺可桢(浙江文史资料选辑第48辑)[M].杭州:浙江人民出版社,1990:16.

校遭牺牲。若此辈均置之不理,则怨恨丛生,以是知行政当局之困难。余唯以是非为前提,利害在所不顾。[1]

上述请托者名单中,有竺可桢的堂侄竺士樵,有时任国民政府立法委员、竺可桢妻子张魂侠的二姐张默君等,在以后的请托人名单中,甚至有竺可桢尊敬的师长蔡元培先生。对于所有这些替人说项的师长、亲人、朋友、同事,竺可桢总是找出各种借口予以婉拒。而对于那些拎着礼品直接找上门来的人,竺可桢简直是深恶痛绝。《日记》中多有这方面的记载:

高学洵来并送礼物。余告以余不愿有此种习惯,故昨日送来未收。[2]

接邦华函聘万勉之为日文讲师……其实太不

---

[1] 竺可桢.竺可桢全集(第6卷)[M].上海:上海科技教育出版社,2005:67—68.
[2] 竺可桢.竺可桢全集(第8卷)[M].上海:上海科技教育出版社,2006:522.

相宜,因其回国久,必甚荒疏也。万并以观世音及无量寿佛为赠,使余鄙其为人。[1]

在遵义期间,有一段时间学校庶务处人手不够,庶务主任王伊曾向竺可桢推荐竺士楷,竺一口拒绝。竺士楷是竺可桢长兄的儿子,时任浙大土木系讲师。竺可桢大哥早丧,他从国外回来后,士楷一直和他生活在一起,由他抚养,供士楷读书上学,直至参加工作,视同己出,叔侄关系特别亲近。这份工作远比做讲师收入要高,竺可桢为什么不同意士楷到庶务处工作呢?《日记》中有这样一段记载:

前王伊曾欲介绍士楷为总务事,余不赞同,亦以欲避嫌。且波若喜管事,士楷为总务,则波若必将染指于购置、保管二股,将来必有困难。[2]

---

[1] 竺可桢.竺可桢全集(第7卷)[M].上海:上海科技教育出版社,2005:372.
[2] 同上:511.

《日记》中提到的波若,名潘波若,是竺士楷的妻子。竺可桢了解自己的这位侄媳妇爱占便宜,喜欢管闲事,担心她日后会怂恿士楷"染指于购置、保管二股",致出大事,不同意士楷去庶务处工作,既是为了避嫌,更是为了防患于未然。

但是,对于那些学术造诣深厚的积学之士和有发展潜力的青年才俊,竺可桢却是竭诚尽力、豁然大公,千方百计聘请他们到学校任教。竺可桢初到浙大时,曾多次专程到国学大师马一浮家中拜访,诚请他到浙大任教,终因马提出的条件实在难以满足而作罢。浙大西迁途中,当竺可桢得知马一浮颠沛流离无处安身的境况后,不计前嫌,派专人将其请至学校,竺本人多次到教室同学生一起听马的讲课,了解马的需要,并请马一浮为浙江大学校歌作词。著名植物生理学家罗宗洛要求带四个助手一同到浙大,尽管当时学校经费、编制都十分紧张,竺可桢仍欣然同意,帮助一一解决。谈家桢曾在一篇回忆文章中对竺可桢的用人原则做了很生动的诠释:

1937年秋又获博士学位后,我决定回国了。当时我的母校东吴大学要我返校任教,我不想去,我嫌那里"洋人"味道太重了。我希望能够到一所我们国家自己办的大学里去,扎扎实实地搞一些科学研究和教育工作。那时在旧社会里,派系林立,壁垒森严。一个教会学校出身的大学生想进国立大学任教,确是一件不很容易的事。事也凑巧,我的一位留美同学,他是在东南大学毕业的,知道我这情况以后,就替我写信给他的老师胡刚复先生。由于胡先生的推荐,不久,竺可桢校长代表浙江大学给我寄来了聘书,聘我为浙大生物系正教授,每月薪金300大洋。这样崇高的职位和优厚的薪金在一个年仅28岁的回国留学生来说,确是不易得到的。……从这一点看,可以说明:竺先生是"任人唯才",而是不讲派系的。所以他把我这样一个"外来人"也聘进来了。后来我还听说:沪江大学出身的涂长望教授和燕京大学来的谭其骧教授等也都由他聘来浙大,并且都得到重用。可见他聘用教会学校出身的教授,并非仅我一人。[1]

不徇私情、"任人唯才"的用人原则,不计前嫌、不问派系的开阔胸襟,关心师生、平易近人的民主作风,使竺可桢在师生间产生巨大的亲和力,将全校上下紧紧地凝聚在一起,成为克服困难、蓬勃向上的巨大力量。长期在浙江大学工作的苏步青的感受是对竺可桢上述个人品德所产生的无形影响力的最好说明:

这样的校长,他真把教授当宝贝,我们当教授的怎能不受感动啊!这样的校长又往哪里去找呢?这时,我才真感到竺校长是一位处处为我们着想的好校长,是一位品德高尚的人。……说心里话,从那时开始,我已完全与竺校长一条心了。从此以后,凡竺校长要我干的事,我都干。后来他要我做院长、教务长、训导长、校务维持会长等等,我都毫

---

[1] 浙大校友总会电教新闻中心.竺可桢诞辰百周年纪念文集[M].杭州:浙江大学出版社,1990:7—8.

不推辞。[1]

2015年是世界反法西斯战争和中国人民抗日战争胜利70周年,也是竺可桢诞辰125周年。阅读竺可桢70多年前写下的这些日记,缅怀他在战火纷飞的艰苦岁月带领浙江大学走过的不平凡历程,让我们对这位著名的教育家充满了由衷的敬意。在竺可桢身上体现出来的一位大学校长的家国情怀,他的追求真理、培育英才、转移风气、报效国家的办学理念,他的"只问是非,不计利害"的精神境界,他的克己奉公、清正廉洁、襟怀广阔、平易近人的道德情操,不仅是中国教育史上的一份弥足珍贵的遗产,更是21世纪建设高等教育强国的征途中,我们亟待认真发掘、充分利用的宝贵的本土资源。这些基于一所大学的发展所提炼出来的理念、境界和情操,折射出现代大学在中国这块土地上成长、发展所应遵循的基本规律和她的主持者所

---

[1] 浙江省政协文史资料委员会.一代宗师竺可桢(浙江文史资料选辑第48辑)[M].杭州:浙江人民出版社,1990:4—5.

必须具备的基本素质,对于正在致力于建设世界一流大学的中国高等教育而言,可以提供诸多方面的启示和借鉴。

理念·境界·情操

图书在版编目(CIP)数据

世态与心态：晚清、民国士人日记阅读札记／田正平著．——
上海：上海教育出版社，2017.9
ISBN 978-7-5444-7684-3

Ⅰ.①世… Ⅱ.①田… Ⅲ.①教育史—中国—近代—文集
Ⅳ.①G529.5-53

中国版本图书馆CIP数据核字(2017)第222597号

责任编辑 董　洪　周　晟
装帧设计 陆　弦

世态与心态
——晚清、民国士人日记阅读札记
田正平　著

出　　版	上海世纪出版股份有限公司 上　海　教　育　出　版　社 官　网 www.seph.com.cn 易文网 www.ewen.co
地　　址	上海市永福路123号
邮　　编	200031
发　　行	上海世纪出版股份有限公司发行中心
印　　刷	上海中华印刷有限公司
开　　本	787×1092　1/32　印张10.5　插页4
版　　次	2017年9月第1版
印　　次	2017年9月第1次印刷
书　　号	ISBN 978-7-5444-7684-3/G·6340
定　　价	45.00元

如发现质量问题，请向本社调换　电话 021-64377165